KB232684

「겨울연가」와 나비환타지

-일본한류를 만나보다-

「겨울연가」와 나비환타지

-일본한류를 만나보다-

小花

『겨울연가』와 나비환타지
-일본한류를 만나보다-

초판인쇄 : 2005년 4월   7일
초판발행 : 2005년 4월 15일

지은이 : 함한희 · 허인순
발행인 : 고화숙
발행처 : 도서출판 소화
등 록 : 제13-412호
주 소 : 서울시 영등포구 영등포동 94-97
전 화 : 2677-5890(代)
팩 스 : 2636-6393
홈페이지 : www.sowha.com

ISBN 89-8410-272-5

값 8,000원

◎잘못된 책은 언제나 바꾸어 드립니다.

목차

머리말

2003년이 저물어 갈 때의 일이다. 일본 NHK 위성방송에서「겨울연가」를 재방송하고 있을 무렵 일본인들 사이에 번지고 있는 한류에 대한 뉴스를 접하게 되었다. 처음에는 이 현상이 다른 지역의 한류와 유사할 것으로 생각되어서 크게 주의를 기울이지 않았다. 그러나 일본에서 날아드는 소식을 접하면 접할수록「겨울연가」붐은 독특한 색깔을 지닌 현상이라는 생각이 떠나질 않았다. 다른 지역의 한류가 일반적으로 젊은이들 사이에 일어나는 현상이라고 한다면, 일본의 경우는 주부들이 중심이며 이들이 한류의 붐을 일으키는 장본인들이라는 점에서 그러하였다. 이들이 필자들과 비슷한 연배의 주부라는 점에서 특히 우리들의 호기심을 끌기에 충분하였다.

일년이라는 기간을 넘게 일본에서 나오는 뉴스, 분석기사, 책, 그리고 인터넷을 통해서 「겨울연가」 팬인 일본 주부들의 생각과 말과 행동을 매우 흥미롭게 지켜보았다. 그러는 사이에 한국에서도 일본에서 불고 있는 「겨울연가」와 배용준 열풍에 대한 소식이 매스컴에 보도되기 시작하였다. 처음에는 국내에서 일본의 이 현상을 다소 어리둥절한 채 바라보기만 했고, 소극적으로 대응하였다. 때로는 제대로 이해하지 못한 글이나 의견이 신문과 인터넷에 올라오기도 했다. 일본에서 불고 있는 이 현상을 처음부터 지켜본 우리들은 일종의 사명감을 가지게 되었다. 적어도 일본의 한류를 제대로 이해하기 위해서는 일본에서 제공되는 단편적인 뉴스기사나 자료에만 의지해서는 안 된다는 생각이 들었다. 또 일본인들의 눈으로 판단하고 분석한 기사나 책도 충분치 않다고 판단되었다. 그래서 한국인의 입장에서 일본인들의 목소리를 직접 들어 보면서 이들이 만들어 가는 새로운 문화 현상에 접근해 볼 필요성을 강하게 느끼게 된 것이다.

이 책은 두 가지 점에서 특징이 있다. 하나는 한국인의 눈으로 일본에서 방영되고 있는 「겨울연가」와 배용준 붐을 들여다보고 있다는 점이고, 다른 하나는 필자인 두 사람이 일본어와 한국 문화의 전공자이면서 주부로서 일본 주부들의 생각, 말, 행동을 관찰하였다는 점이다. 때로는 같은 여성으로서 이들과 동질감을 느끼기도 했고 때로는 타문화인으로서 이들에게 이질감을 느끼기도 했다. 그러나 이 책을 쓰는 동안 우리들은 무엇보다도 전문가로서 선입관이나 편견 없이 이들의 목소리를 주의 깊게 듣고 공정하게 분석하고자 애썼다는 점이다.

이 책의 내용은 크게 다섯 개의 주제로 구성된다. 먼저 우리는 「겨울연가」와 배용준 붐을 통해서 일본 문화의 특징을 살펴보고자 한다. 그리고 일본인들이 한국의 드라마를 보면서 어떤 문화의 차이를 느끼는지도 알아본다. 우리에게는 익숙한 장면들이 일본인들에게는 이상하게 또는 흥미롭게 생각되는 경우가 많다는 것을 알게 된다. 아울러 「겨울연가」를 좋아하는 이유와 주인공인 배용준의 매력은 무엇인지도 일본인들로부터 직접 들어 볼 수 있는 기회를 가지고자 한다. 한편, 「겨울연가」를 본 후에 일본인들에게는 어떤 변화가 일어났는지도 궁금하지 않을 수 없다. 특히 중년의 일본 여성들에게 어떤 일들이 일어났는지를 자세히 살펴보고자 한다. 마지막으로 우리는 일본의 한류에 어떻게 대처할 것인가에 대해서 생각해 보고자 한다. 이 책을 쓰는 동안 내내 필자들의 머리 속을 떠나지 않은 생각은 한류 붐의 발전적인 방향을 어떻게 모색할 수 있을까 하는 고민이었다. 그 고민의 핵심을 정리해 보고자 한다. 우리들이 이처럼 앞으로의 한류 방향에 대해서 머리를 맞댄 이유는 이 현상이 일시적인 열기로 끝나거나 몇 가지의 문화 상품을 파는 단계를 넘어서서 두 나라가 전과는 다른 차원에서 문화교류를 이루어 냈으면 하는 바람에서였다. 우리들은 한국의 자세가 매우 중요하다는 결론에 이르렀고, 우리가 방관자로 남거나 자만하는 사이에 지금의 자리를 더 이상 지킬 수 없을지도 모른다고 생각하게 되었다. 좋은 기회를 얻은 지금, 우리는 더욱 열심히 이 현상의 실체를 연구하고 발전시킬 수 있는 방향을 모색해야 한다. 문화교류가 원활하게 이루어짐으로써 두 나라 사이의 정치, 외교, 경제 등의 영역에서도 관계개선이 이루어질 수 있다고 보기 때문이다.

　이 책을 집필하는 데 많은 사람들의 도움을 받았다. 전북대학교 학부와 대학원생들 그리고 필자가 수 차례 인터넷에 올린 설문지에 성의를 다하여 답해 준 일본인들에게 이 자리를 빌려서 감사의 말을 전하고자 한다. 또 바쁜 업무에도 불구하고 인터뷰에 응해 주신 춘천시의 류종수 시장님과 여러 가지 자료를 꼼꼼하게 챙겨 준 관광진흥과 관계자 여러분들의 도움도 컸다. 나비에 관한 정보를 수집하느라고 함평을 방문했을 때 이석형 군수님, 곤충연구소의 정헌천 소장님도 좋은 자료를 제공해 주었다. 그리고 바쁜 일정 속에서도 손수 자료를 찾아주신 정윤성 선생님, 번역을 도와준 김은정, 사진작업을 함께한 강경표도 숨은 공로자들이다. 마지막으로 이 책이 나오도록 애써 주신 소화출판사 여러분께 진심으로 감사드리는 바이다. 방학인데도 학교 연구실에 나와서 일을 해야 하는 엄마를 둔 두 가족의 다섯 명 아이들에게 이 책을 바친다.

함한희 · 허인순
2005년 3월

I. 나비들, 국경을 넘다

우리들은 이 책에서 「겨울연가」를 본 후 팬이 된 사람들을 나비로 상징화하였다. 나비로 부른 데에는 몇 가지 이유가 있다. 나비는 자유롭게 하늘을 날아다닌다. 나비들은 국경과 지역의 경계를 넘나들면서 훨훨 날 수 있다. 그리고 나비들은 청정한 곳에서만 서식한다. 공해가 자연생태계를 망가뜨리자 나비들이 서식처를 잃고 급격하게 감소하고 있다는 사실이 이것을 증명한다.

일본인 여성팬들은 「겨울연가」 속의 환타지를 좇는 사람들이다. 이들은 꿈을 좇아서 청정한 곳이라고 생각되는 곳으로 날아든다. 순수하고 깨끗한 곳에서 숨을 쉬기 위해서 국경을 넘고 문화의 울타리를 넘어서 날아온다. 그런가 하면, 가상공간 속에서도 나비가 되어서 인터넷 네비게이션을 통해서 지금까지 잊고 있었던 순수한 사랑과 삶의 활기를 되찾아 주는 꿈을 찾아 나선다.

1. 2003년, 예사롭지 않았던 한류

일본에서 「겨울연가」는 '후유노 소나타' 라는 타이틀로 2003년 4월 일본 NHK 위성 텔레비전 방송으로 처음 방영되었다. 방송국 측에서는 큰 기대를 갖지 않고 방송하였으나 방송이 계속되면서 내내 시청률이 눈에 띄게 증가하였다. 같은 해 12월에 NHK 위성 방송에서 재방송이 나간 이후 시청자들의 열화 같은 요구에 부응해서 이 드라마는 2004년 4월 3일부터 8월 21일까지 NHK 지상파로 방송되었다. 또다시 위성방송을 통해서 2004년 12월 22일부터 12월 30일까지 네 번째 재방송을 하게 되었다. 「겨울연가」가 4차례나 방송되면서 일본 열도를 뜨겁게 달구자 한국은 물론이고 세계가 주목하게 되었다.[1]

---

1 『겨울연가』 일본 NHK 방영날짜: 위성방송에서는 1차 2003년 4월 3일~9월 4일, 2차 2003년 12월 15일~12월 26일, 3차 2004년 12월 22일~12월 30일로 방영하였고, 지상파 방송은 2004년 4월 3일~8월 21일에 방영되었다.

배용준이 표지로 나온 잡지들

한 편의 드라마가 일으키고 있는 반향은 다양하고 다각적이며 광범위하다고 볼 수 있다.

「겨울연가」는 특히 일본의 중년 여성들에게 인기가 높다. 드라마 팬들은 남자주인공으로 나온 배용준을 용사마라고 부르며 그에게 열광한다.[2] 드라마를 보지 않은 일본인들조차도 이제는 용사마를 모르는 사람이 없을 정도가 되었다. 일본 내에서 용사마 인기는 그 어느 외국인 스타도 따라오기 힘들 만큼 상한가를 달리고

---

2 ㅋﾝ樣는 한국어로는 욘사마, 또는 욘님, 용준님 등으로 부르고 있으나 이 책에서는 용사마로 부르기로 한다.

있다. 「겨울연가」와 배용준의 인기가 높아지면서 자연스럽게 한국에 대한 관심도 증가하였다. 「겨울연가」를 만든 나라, 드라마의 촬영지가 있는 나라, 배용준이 숨쉬고 있는 나라, 한국은 어떤 곳인가 하는 설렘을 가지고 그들은 한국을 방문하고 있다. 남이섬, 춘천의 명동 등은 물론이며 서울의 유진이네 집, 춘천의 준상이네 집도 일본인 팬들이 빼놓지 않고 찾는 관광지가 되었다. 그런가 하면, 이들은 한국어로 드라마를 보기 위해서 한국어 학습을 시작하였다. 배용준의 입에서 나오는 언어인 한국어는 얼마나 부드럽고 매력적인가 하는 호기심이 한국어 학습으로 이어지고 있는 것은 매우 흥미로운 현상이다. 영어를 제외한 제2외국어에서는 한국어가 프랑스어와 독일어를 제치고 중국어와 어깨를 나란히 하고 있다. 일본 NHK 한글강좌 교재 판매량은 매년 8~9만 부에 머물렀으나 「겨울연가」 방송 이후 크게 증가하여 2004년에는 20만 부의 판매량을 기록했다고 한다.[3]

　이처럼 일본인 팬들은 촬영지 관광에 나서고 한국어를 배우며, 「겨울연가」 DVD와 사운드 트랙이 들어 있는 음반을 사는 데 돈을 아끼지 않는다. 2004년 11월에 출간된 배용준의 사진집 10만

---

3 2002년부터 일본대학입학센터 시험에 한국어가 포함된 이래 한국어 응시자가 매년 증가하고 있다. 현재 일본에서는 총 246개교에서 6,000여 명의 학생들이 한국어를 배우고 있다.(한국 관광공사 보도자료: http://www.knto.or.kr)

준베어

부가 순식간에 모두 팔렸고, 30만 원에 상당하는 준베어 역시 인기리에 팔리고 있다. 관련 서적과 잡지 등의 판매실적도 여전히 상위권에 들고 있다. 이러한 현상이 일본에서 일어나자 한국인들은 어리둥절했다. 몇 년 전부터 한류라고 해서 한국의 대중문화가 드라마, 대중가요, 영화를 중심으로 아시아 팬들의 사랑을 받기 시작한 것을 떠올리면서 일본에서도 한류가 일어났다고 생각했다. 그러나 일본에서의 「겨울연가」와 배용준 붐은 기존의 한류와는 분명 다른 면이 있다.[4]

그렇다면, 일본에서 「겨울연가」의 인기가 지속될 수 있는 이유는 어디에 있을까? 무엇보다도 이 드라마가 중장년층이 즐겨 보는 NHK에서 방영되었으며, 가정주부들이 일과를 끝내고 TV를 시청할 수 있는 시간이었다는 점이다. 일시적인 붐으로 끝날 수 있었던 「겨울연가」 인기를 민영방송과 스포츠계의 신문 잡지가

---

4 한류(韓流)란 한국의 대중문화 붐을 일컬으며 1990년대 말 중국에서 사용되기 시작하였다.

연일 대서특필한 점도 주효했다. 이러한 현상을 일반 정규 방송 뉴스와 경제신문 등에서 기사화함으로써 다른 계층의 사람들도 관심을 가지게 된 것이다.

일본의 경우 한국대중문화 열기가 중장년층 여성들 특히 가정주부들 사이에서 일어나고 있다는 점이 다른 지역의 한류와 차이가 있다. 한류를 즐기는 주체가 다르면 그 현상의 성격도 달라지므로 어떤 집단이 한류를 즐기는가가 중요해진다. 그래서 우리는 일본의 한류를 이끌고 있는 중장년 여성들에게 관심을 가지고 이들을 집중적으로 관찰하기 시작하였다.

2. 일본을 놀라게 한 「겨울연가」

우리들은 「겨울연가」 방영을 계기로 일어나기 시작한 일본의 한류 현상을 분석해 보기 위해서 공동연구를 기획하였다. 일본어를 전공하면서 일본 문화에도 남다른 관심을 가져온 허인순과 문화인류학자로서 한국 문화를 연구하여 온 함한희가 뜻을 모아서 「겨울연가」 붐을 분석해 보기로 하였다. 두 사람의 전공은 다르지만, 문화연구 방법에서는 거의 일치된 견해를 가지고 있어서 공동연구는 순조로웠다. 게다가 서로의 영역이 조금씩 달라서 역할분담도 적절히 이루어질 수 있었다. 일본 전공자와 문화 전공자가 서로의 전문성을 살리면서 자료를 모으고 새로운 문화 현상에 대한 분석을 시도하였다. 자료를 모으는 일은 주로 허인순이 맡았고, 분석은 공동의 작업이었으며 글로 옮기는 일은 함한희가 하였다. 그리고 마지막 다듬는 일은 다시 허인순의 몫으로 돌아갔다.

자료를 모으는 과정에서부터 공동연구로 이르는 길은 결코 짧지 않았다. 「겨울연가」가 NHK 위성방송을 통해서 두 번째로 방영된 이후 나타난 새로운 한류 현상을 허인순은 깊은 관심을 가지고 꾸준히 지켜보았다. 그 당시 한국이나 일본의 매스컴들은 「겨울연가」와 배용준 붐을 다소 놀라워하면서도 오래 지속되지는 않을 것이라는 전망이 많았다. 그러나 일본 아마존 사이트에서 「겨울연가」 관련 문화상품의 판매실적이 연일 상위권을 놓치지 않았고, 때로는 「겨울연가」 관련 잡지 및 서적 4~5권이 한꺼번에 모두 10위 안에 드는 경우도 흔했다. 2003년 겨울부터 그 이듬해까지 이러한 현상은 지속되었다. 허인순은 이 같은 사실에 근거해서 당분간 일본에서의 배용준 인기는 식을 것 같지 않다는 판단을 하게 된 것이다. 그때부터 일본과 한국에서 나오는 뉴스 및 관련 기사를 수시로 모았다.

또한 허인순은 배용준의 일본 홈페이지가 개설된 초기부터 그곳을 자주 방문해서 가상공간에서 일어나고 있는 흥미로운 일들을 수시로 기록해 두었다. 그러면서 홈페이지를 방문하는 일본인들의 반응이 예사롭지 않다는 점도 놓치지 않았다. 이 새로운 현상을 한국인 외부자로서 세심하게 관찰하기도 하고, 직접·간접적으로 참여하기도 했다. 허인순은 일본의 한류가 다른 아시아 지역의 한류와는 여러 가지 점에서 차이가 있다는 점을 느끼고 이 현상을 문화인류학자인 함한희에게 알렸다. 두 사람은 마주앉아서 자료를 검토한 후 마침내 본격적인 문화분석을 해 보기로 결정하였다.

이 책에서 인용되는 자료는 일차 자료를 원칙으로 하였다. 즉 일본인들이 작성한 글을 통해서 그들의 생각을 직접 들어 보는 일을 중시하였다는 뜻이다. 최근 부쩍 증가한 신문, 잡지의 보도 및 분석기사 그리고 일본에서 발행된 책의 내용들은 참고자료로서만 이용하였다. 근래에 홍수같이 쏟아지는 내용들이 도움도 되었지만, 때로는 정확하지 않아서 자칫 한국인들에게 오해를 줄 소지가 있는 것들도 많았다. 그래서 한국의 독자들을 위해서는 일본인들의 목소리를 직접 들려 주는 것이 가장 중요하다고 판단하였다.

컴퓨터 공학의 발달과 인터넷 혁명으로 인해 일본인들을 가상 공간에서 만나서 그들의 의견을 들을 수 있는 좋은 수단이 생겼다. 그래서 우리들은 인터넷을 활용하였다. 이들과 만나는 방법은 크게 두 경로였다. 하나는 배용준의 일본 홈페이지(www.yongjoon.jp, 이하 홈페이지로 함)의 방문자로서 게시판에 올라온 글을 읽는 방법이다. 인터넷 게시판은 익명의 수많은 일본인들의 글을 자유롭게 읽어 볼 수 있는 좋은 곳이다. 다른 하나는 홈페이지 속에서 일본인들과 직접 대화를 나누는 방법이다. 게시판에 글을 올리면 방문자들이 즉시 답글을 쓰기 때문에 즉각적인 대화가 가능해진다.

질문자가 한국인이라는 사실이 일본인들의 호기심을 자극해서 신속하고 성실한 답변을 들을 수 있었던 것은 우리들의 행운이었다. 그리고 또 다른 경로로 많은 자료를 구할 수 있었던 것도 일러둘 필요가 있다. 허인순은 학부와 대학원 과목의 수강생들에게 일본 문화를 직접 체험시키기 위해서 인터넷을 통한 일본 문화 탐방을 권장하였다. 관련 홈페이지를 방문해서 일본인들과 직접 대화를 나누도록 과제를 내주었다. 수강생들은 일본의 한류 현상에 대해서 궁금한 점을 일본인들에게 직접 물어보았다. 이들이 물어본 질문들은 허인순이 미리 학생들에게 제시한 주제에서 도출된 것들이었다. 「겨울연가」의 인기비결은 무엇인가 라는 기초적인 질문에서부터 '소비문화의 변화'에 대한 질문에 이르기까지 학생들은 일본인들에게 여러 가지 질문을 하였다. 이 방법도 대단히 성공적이었다. 당시에는 (2004년 봄학기) 지금과는 달리 홈페이지에 한국인 방문객들이 그다지 많지 않았던 때여서 일본인들은 호기심과 특유의 친절함으로 답을 해 주었다. 그때의 답글이 이 책에서도 인용되었다.

마지막 자료수집의 방법으로는 2004년 12월 22일과 2005년 1월 초에까지 4차례에 걸친 설문조사이다. 홈페이지에 질문을 올리고 난 뒤 곧 홈페이지가 폐쇄되는 일이 발생해서 설문조사가 순조롭지는 않았다. 그러나 홈페이지가 2005년 1월 12일 재개되자 세 차례에 걸쳐서 설문조사를 다시 하였다. 이 설문조사는 어디까지나 책의 집필을 위한 정리 차원에서 실시한 것이었다. 일년여의 기간 동안 수많은 일본인들을 인터넷을 통해서 만날 수 있었고 그들의 글을 바탕으로 일본의 한류 현상을 분석한 필자들의 생각을 마지막으로 정리할 목적으로 설문조사를 한 것이다. 참고로 2004년 12월 22일에 올린 여섯 가지 항목의 내용은 다음과 같다.

-질문 내용-

1)「겨울연가」가 주부들에게 인기 있는 이유는 무엇이라고 생각합니까?

2)「겨울연가」를 보고, 감동하기도 하고, 울기도 하고, 또 감사한다는 이야기를 자주 듣습니다. 그 이유가 무엇이라고 생각하시는지요?

3)「겨울연가」가 일본 드라마와 다른 점, 이해하기 어려운 점, 그리고 재미있는 점은 무엇입니까? 그리고 일본 드라마라면 나타나기 어려운 부분과 작가도 (그렇게) 쓰지는 않았을 것이라고 생각하는 점이 있다면 무엇입니까?

4) 만약 한국에 갈 기회가 있다면 어디에 가고 싶습니까? 그 이유는?

5) 한국어를 배우고 계시는 분들, 또 배우고 싶다고 생각하는 분들께 묻고 싶습니다.

　① 한국어에 관심을 갖게 된 동기와 목적은?

　② 12월 20일부터 NHK에서 「겨울연가」가 한국어로 방영되고 있는데, 한국어로 들었을 때의 감상 등을 듣고 싶습니다.

6) 만약, 괜찮으시다면 출신지와 나이 등을 부탁합니다.

3. 한류를 즐기는 사람들은 누구인가?

조사대상자들의 특징을 분석적으로 열거하기 전에 이들이 어떤 사람들인가를 쉽게 알 수 있는 글을 소개해 보기로 하자. 다음은 2004년 12월 22일 배용준 홈페이지에 올라온 mieko0801 씨의 시다.

제목: 모두 다 여기 있네요

여러 가지 의견이 있지요

여러 가지 생각이 있지요, 그렇지만

모처럼 서로 알게 되었어요

얼굴도 몰라요, 어디에 살고 있는 지도 모르지요

나이는 몇살일까?

무엇을 하는 사람일까?

아무것도 모르는 사람들의 모임

우리에게 공통된 것은 단 하나

배용준이란 배우가 좋은 것 그것뿐

그것뿐이지만 묘한 기분이 되네요

아. 오늘도 그 사람 왔네~

또 재미있는 이야기가 있네~

아름다운 시도 실려 있구나~

아, 이 사람 참 재미있네~
왠지 친구가 되고 싶은 마음

함께 생각하고 고민하고
때론 토라지기도 하고
때론 화를 내기도 하고
우리는 여기가 좋지요
모두를 좋아하지요
모두 여기에 있기로 해요
마음껏 서로 이야기해요
함께 그들 지켜보기로 해요.

나리타공항의 환영인파

mieko0801씨는 12월 22일 밤 10시 35분에 이 시를 게시판에 올렸다. 15분 뒤에 '나도 여기에 오면 무척이나 마음이 따뜻해집니다. 우리는 모두 가족이니까요!'(star0108)라는 답글을 시작으로 mieko0801씨에게 동감을 하거나 찬사를 보내는 글들이 연이어서 올라오기 시작했다. 다음날, mieko0801씨의 글 옆에는 3,000여 조회수와 68개의 댓글이 올라와 있었다. 이러한 통계로 미루어 보아서 얼마나 많은 사람들이 공감을 하고 있는지를 알 수 있었다. 예순여덟 사람이 밤새 재미있게 나눈 대화 가운데 일부를 들어 보기로 하자.

없어서는 안 될 장소라고 생각합니다." (sumire4146)

"정말로 저도 이곳이 좋아요. 여기에 오면 공부를 하게 됩니다. 인간적으로 생각하는 법, 말하는 법, 모두가 다르지만 우리 뒤에는 그(배용준)가 있습니다." (maayu916)

"제가 지각했네요.(#^.^#)"
나도 여기가 좋아요. 여기에 있는 여~러분들을 너무 좋아해요. 이 자리를 뜰수가 없군요. (qpqpi)

"나도 여기가 좋아요. 그런데 가끔 내가 '왜 이러지'라고 생각할 때도 있지만, 배용준이라는 한 남성에게 마음을 빼앗긴 사람들끼리 서로 이야기를 나누고 싶어요." (potiko)

"나도 주부로서, 엄마로서 바쁘지만, 틈을 내서 나도 모르게 이곳에 오게 됩니다. 여기에 오면, 따뜻한 사람들이 많이 있어서 마음이 편안해집니다. 앞으로도 배용준 씨를 함께 응원하기로 해요." (michi8823)

mieko0801씨가 답글을 쓴 사람들에게 고마움을 전했다.

"여러분께 감사드려요. (우리) 큰 소리로 외쳐 봅시다. 배용준

12월 22일은 연말이어서 주부들의 몸과 마음은 몹시도 바빴다. 그런데도 시간을 쪼개서 배용준 팬들은 홈페이지 게시판에 들어와서 대화를 나눈다. 4819j씨는 연말이어서 잠시 홈페이지 방문을 자제하려 했으나 결국은 그럴 수 없었음을 고백하고 있다. 자신과 같은 입장에 있는 다른 주부들은 여전히 집안일과 홈페이지 활동을 겸해서 잘하고 있는데 자신은 잠시 꾀를 부리려고 했다는 사실이 미안하다고 사과를 하고 있다.

컴퓨터화면이 어느 새 0시 42분을 가리키자 더 이상 졸음을 참을 수 없었던 higasi씨는 "여기는 너무 즐거워요! '아~. 벌써 시간이 이렇게 되다니. 졸려라. 안녕히 주무세요. 매일같이 잠이 부족하네요." 라고 하면서 자리를 떠났다. mieko0801씨와 대화를 나눈 이들 중에는 아침 일찍 일어나서 남편을 출근시키고, 아이들을 학교나 유치원으로 보내고, 집안일을 하고, 저녁이면 다시 귀가하는 가족들을 맞으면서 잠자리에 들 때까지 쉴 틈 없이 움직이는 주부들이 대부분이다. 이들이 자신만의 시간을 가질 수 있는 때는 늦은 시간일 수밖에 없다. 그때서야 비로소 컴퓨터를 켜고 인터넷 활동을 시작한다. 일본 주부들의 평균 취침시간이 10시 30분이라는 통계가 있다. 그런데 홈페이지의 게시판은 10시 전후가 피크타임이다. 평소라면 잠자리에 들 시간인데도 이들은 게시판을 통해서 대화를 하느라고 밤이 깊어가는 줄도 모른다.

우리들의 관찰 대상이 된 사람의 대부분은 홈페이지를 방문해서 글을 남긴 사람들이다. 자유로운 대화가 대부분이고, 주제에 따른 토론 형식의 글도 있으며, 정보교환도 많고, 항의나 제안 등을 포함하는 발언도 있다. 필자들이 때로는 궁금한 사항을 게시판에 올려서 답을 얻는 경우도 있었지만 대부분의 일차 자료는 일본인들이 자유롭게 게시판에 남긴 글들이다. 2003년 12월부터 2005년 1월까지 모은 여러 가지 자료를 가지고 분석한 결과 조사대상자들의 특성을 다음과 같이 정리해 볼 수 있다.

첫째, 홈페이지의 방문자들은 대부분 여성들이었다. 나이는 40·50대가 제일 많고, 그 다음으로는 30대·20대 후반 그리고 60·70대 순이다. 10대나 20대 초반도 글을 남기지만 많지는 않았다. 그런데 필자들은 인터넷에서 글을 남기는 사람과 실제 한류 소비층을 동일하게 생각지는 않는다. 특히 나이가 든 사람들인 경우는 드라마나 DVD를 보고 열렬한 팬이 되었지만 인터넷에 익숙지 않아서 홈페이지를 이용하지 않는 경우도 많기 때문이다. 40대의 한 주부는 "우리 시어머니는 70대인데 배용준 팬입니다." 라고 글을 올렸고, stepbystep씨도 "저희 어머니는 60대이세요. 「겨울연가」를 처음에 보자라고 말한 분도 어머니고, 이제는 둘이서 용준 씨에게 마음을 뺏겼어요(^^*) 정말 멋있는 엄마예요!!" 라고 말한다. 모녀나 시어머니와 며느리가 같이 즐기는 경우도 적지 않지

서울 유진이네 집에서

서울 중앙고등학교 앞에서

만, 나이가 든 사람들이 게시판을 이용하는 일이 쉽지 않아서 잘 드러나지는 않는다.

　인터넷을 통한 참여관찰의 장단점을 충분히 숙지하면서 필자들은 홈페이지 방문자들의 연령층의 각 특성을 알아보았다. 2004년 3월 29일 홈페이지 게시판에 '40대 독신 안 계십니까' 라는 글을 시작으로 4월 2일과 3일에 '50대 팬입니다만…' 하는 글들이 올라왔다. 방문객들이 본격적으로 자신의 나이를 밝히면서 같은 연령층끼리의 대화를 시도하였다. 이러한 동연배 집단 모임은 50대가 가장 활발하다. 추측건대, 30 · 40대보다는 육아나 자녀교육 등 집안일에서 벗어나서 시간적 · 정신적인 여유가 있고, 또 지금 막 손에 익기 시작한 인터넷 서핑에 재미를 느끼고 있다고 생각된다. 같은 해 10월 11일에는 드디어 〈50대 모여라〉라는 글이 올라왔다. '배용준가족' 이라고 일컬을 수 있는 사람들 가운데 50대끼리 모이자는 취지에서 올린 글이었다. 그러자 50대들이 부산한 움

남이섬 입구에서   춘천 준상이네 집 앞에서

직임을 보이기 시작하였다. 이에 자극을 받은 젊은층들이 나이가
든 팬들만 있는 것이 아님을 확인코자 〈20대 · 30대 모이자〉라고
하면서 또래들을 불러모았다. 곧바로 60명 이상이 답글을 달았다.
이들이 쓴 내용을 보더라도 30대들도 열성적인 팬들임을 알 수
있다. 뒤이어서 40대도 모임을 덩달아 만들었다.

　각 연배모임에 참석한 사람들의 수가 대략적인 연령패턴을 보
여 주고 있다고 생각된다. 50대 · 40대가 가장 많았다는 점에서
이들이 게시판에서 왕성하게 활동하는 연령층임을 알 수 있다. 그
러나 60대 · 70대도 컴퓨터 조작에는 서툴지만 누구 못지않은 열
렬한 팬임을 알아달라는 글도 적지 않은 것을 보아 60대 · 70대들
도 한류의 중요한 멤버임에 틀림없다.

　필자들은 연령별 패턴을 소그룹 설문조사에서도 알아보았다.
그 결과 40대가 가장 많았고 30대와 50대 순으로 이어진다. 50대
의 응답자가 적었던 이유는 필자들의 질문이 지나치게 자세하였

기 때문에 상대적으로 40대 · 30대에 비해서 소극적이었던 것으로 판단된다. 50대들은 비교적 간단한 주제의 글이나 자유로운 대화를 더 선호하는 것 같았다.

종합적으로 보면 「겨울연가」를 통해서 일어난 한류를 소비하는 주역들의 연령층은 다양하다. 그러나 수에 있어서나 감흥 정도에 있어서는 40대, 50대가 중심에 서 있다고 말할 수 있다. 30대도 적지 않고 특히 어린 자녀를 둔 30대 주부들이 한국드라마를 즐기는 경우 또 다른 측면에서 중요한 영향을 주고 있다. 이들의 어린 자녀들도 덩달아서 한국 드라마를 보고 즐거워한다는 점이다. 일본인 주부들의 초등학교 4, 5, 6학년 자녀들도 배용준 팬이라는 글들이 게시판을 장식하고 있다.[5] 그래서 최근 어린이용 신문에도 배용준이 등장하는 경우가 많아지게 되었다.

둘째 홈페이지 방문객들의 대다수는 결혼하여 자녀를 둔 주부들이었다. 간혹 미혼인 경우도 있다. 그래서 한류의 주역을 '주부들' 혹은 '오바상'이라고 하면 이의를 제기하는 사람들도 있다. 미혼이거나 아니면 나이가 들었더라도 '오바상'이 주는 부정적인 이미지 때문에 그러하다. 때로는 남성들도 「겨울연가」 팬임을 자처하기도 하고 10대 · 20대에서도 배용준 팬임을 선언하는 경

---

5 2004년 6월 28일자 배용준 일본 홈페이지 게시판에 gotoh씨가 올린 글, '우리 딸(초등학교 5년)도 후유노 소나타를 봅니다'와 답글을 참고.

우도 있다.[6]

셋째, 게시판의 방문자들의 경제적인 여건은 중산층이며 사회적으로도 중간층에 속하는 이들로 생각된다. 이들이 드라마와 관련된 상품을 산다거나, 한국 관광을 한두 차례 다녀왔고, 아니더라도 계획을 세우고 있으며 어학학습을 위해서 책이나 테이프 등을 살 수 있는 여유가 있다는 점에서 그러하다. 이들은 자신들의 여가활동을 위해서 조금은 시간적·경제적인 여유를 누릴 수 있고 보다 중요한 것은 정신적인 여유를 가질 수 있다는 점이다. 이러한 차원에서 방문자들을 보면, 이들이 경제적으로나 사회적으로 중간계층에 속한다고 보아도 크게 무리는 없을 것 같다.

넷째, 소그룹 조사에서 확인된 바로는 응답자의 대부분이 대중문화의 열렬한 팬이 된 것은 처음이라고 털어놓았다. 그리고 한국 드라마를 처음 보았다고 하는 이들이 대부분이다. 혹자는 배용준의 여성 팬들이 과거 소녀 시절 특정한 연예인들의 팬클럽 활동을 한 경험이 있을 것이라는 추측을 한 적이 있었다. 그러나 이것은 어디까지나 추측이었을 뿐 사실과는 거리가 멀다. 이들은 자신들을 평범한 주부라고 평가하며, 필자들이 보기에도 그렇게 판단된다. 평소에는 주로 어떻게 소일을 하느냐는 질문에 대해서 '아침

---

6 2004년 5월 20일 30대 남성(jpltcdr)이 배용준의 팬임을 밝힌 글과 답글을 통해서 남성들도 한류에 동참하고 있다는 사실을 알 수 있다.

에 남편과 아이들을 보내고 청소·세탁·쇼핑을 하고 나면 아이들이 학교에서 돌아온다' 라고 하거나, '평범해서 어떤 목표도 없이 단순한 주부' 였다. 또는 '이웃의 부인들과 미식가 삼매경' 에 있었다고 답을 했다. (wwpbk111, moon50, asa1713, 6/13/04)[7]

다섯 째, 홈페이지 방문자들의 대부분이 「겨울연가」를 보기 전까지는 한국에 대한 지식이 별로 없었던 사람들이다. 한국에 대한 지식이 거의 무지에 가까웠음을 고백하는 이들도 많고, 때로는 막연하게 한국이라는 나라를 부정적으로 생각했었다고 말한 이들도 있다. 뉴스에 등장하는 한국은 정치적으로 불안해 보였고, 학생데모가 과격한 나라라는 이미지를 가지고 있었다고 한 응답자도 있다. 그러나 「겨울연가」를 본 이후 이들은 한국에 대해서 호기심을 가지기 시작했고, 일년이 지난 지금은 많은 것을 알게 되었다고 한다. 이들이 드라마에만 심취해 있기보다는 드라마의 제작지인 한국에 대해서도 이해하려는 노력을 보이기도 한다. asa1713씨처럼 "한일의 역사에 대해서 너무 무지해서 지금 도서관을 다니고 있습니다." 라고 밝힌 이들도 적지 않다. 물론 응답자 가운데는 이전부터 한국에 대해서 잘 알고 있는 사람들도 있다. 사업하는 남편을 따라서 한국을 여러 차례 방문한 경험이 있는 사람들도 있고, 한국어 회화가 가능한 이들도 있다.

결론적으로 「겨울연가」와 배용준의 팬들 가운데 숫자나 감흥

---

7 6/13/04는 2004년 6월 13일을 뜻함.

도에서 중심을 차지하는 연령층은 40대 · 50대이다. 30대와 60대도 적다고는 할 수 없는 자리를 차지하고 있다. 그러나 연령층이 꼭 중요한 것은 아닐 것이다. 10대 · 20대나 70대도 있었고, 어린 아이들은 어머니의 영향으로 팬임을 자처할 만큼 다양한 연령층으로 구성되어 있다. 결혼하여 자녀를 둔 주부들이 많으며,「겨울연가」 관련 문화상품을 사서 모으고 한국 관광도 다녀올 정도의 경제력도 있다고 보인다. 더구나 한국어 학습과 한국 역사를 공부할 만큼 학구적인 취향도 가지고 있는 계층이다.

4. 인터넷에서 만난 일본인들

이 책의 기본 자료는 필자들이 인터넷에서 참여관찰한 후 얻은 일본인들의 글이다. 이 방법은 일본인들의 생각과 행동을 직접 알 수 있다는 장점이 있다. 일본인들은 면전에서는 말을 자제하고 생각을 쉽게 노출하지 않기 때문에 인터넷 게시판의 글들은 오히려 그들의 생각과 느낌을 직설적으로 솔직하게 보여 줄 수도 있다. 인터넷의 익명성이 주는 효과가 긍정적으로 나타나고 있음을 알 수 있다. tsuruko씨의 글이 그 좋은 예이다. 그녀의 글 제목은 〈[深夜組] 지금 여러분은 어떤 모습?〉이다.

"… 이곳은 우리들이 모여서 거리낌 없이 대화할 수 있는 곳이네요. 오순도순 이야기하기도 하고, 시끌벅적 떠들기도 하는 즐거움이 넘치는 곳이에요. 이렇게 감격하면서 문득 나를 보니까 어머나 내 차림이란 검정스웨터에다가 추워서 파란 가디간을 두르고 있네요. 더 우스꽝스러운 것은 아래 바지는 고무줄이 든 파자마네요. 물방울 무늬 양말을 신고. 아이고 오빠(オッパ)한테 실례입니다. 나는 가족으로서는 실격인가 봐요. 조금 전까지 DVD를 볼 때는 제대로 옷을 입고 앉아서 보았는데, 인터넷 앞에서는 이런 모습을 하고 있네요. (잠자기 직전이어서) 이런 모습인데 오빠가 싫어할 거야. 여기는 얼굴이 보이지 않으니까 신경 쓰지 않아요. 여러분 지금 여러분은 어떤 모습인가요. 나는 지금 아무도 만나지 않을래요." (tsuruko, 01/01/05)

인터넷 속으로 들어올 때는 누구라도 혼자가 된다. 주변을 의식할 필요도 없고, 또 옷차림도 신경 쓸 필요가 없다. tsuruko씨처럼 파자마 차림에다가 물방울 무늬 양말을 신고, 편안한 자세로 가상 공간에서 사람들과 만나며 대화를 한다. 자신을 치장하지 않아도 되고 남을 의식할 필요도 없으니 얼마나 편안한 곳인가. 그래서 일본 주부들은 마음속에 숨겨둔 이야기를 마음껏 할 수 있게 되는 것 같다. 자신이 어떤 모습이고 어떤 생각을 가지고 있는지를 tsuruko씨도 사람들 면전에서는 쉽게 말하지는 못했으리라. 더구나 필자들이 인터뷰라는 형식을 취하면서 그들을 만나 말을 걸었

다면 아마도 입을 다물었을지 모른다. 자신의 체면을 소중히 여기고 타인에 대한 배려가 많은 이들을 직접 대면해서 관찰하고, 면담하는 일은 쉽지 않은 작업이다. 그러나 인터넷이란 공간은 이러한 어려움을 뛰어넘게 해 준다.

이러한 이유에서 필자들은 일본 여성들을 인터넷을 통해서 만나는 방법이 한류와 관련된 정보를 더 정확하게 얻을 수 있다고 본다. 또 수집할 수 있는 데이터의 양도 직접 면담에서 얻을 수 있는 양과는 비교하기 어려울 정도로 많기 때문에 신빙성도 높아진다. 물론 그 반대의 경우도 있을 수 있다. 사람들의 행동이 가상공간에서와 실제와는 차이가 날 수도 있기 때문이다. 그래서 필자들은 가상공간의 정보수집 한계를 보충하기 위해서 한국으로 관광 온 일본인들을 만나 보기도 하였다. 남이섬과 춘천의 준상이네 집, 서울의 유진이네 집에서 일본인 관광객과 인터뷰도 했다. 인터넷 속에서 느꼈던 열기가 고스란히 관광지에서도 느낄 수 있었기에 가상공간의 경험이 그대로 실제라는 사실을 다시 확인할 수 있었다.

인터넷을 통한 참여관찰 방법은 컴퓨터 공학의 혁명적인 발전이 가능하게 해 준 접근법이다. 쌍방향 교류가 언제라도 가능하며, 국가와 지역을 뛰어넘을 수 있고, 또 시간의 개념도 달라진다. 익명성은 사회적 지위·계급·성별·연령·인종 등의 제약도 넘게 만든다. 이러한 이상적인 도구를 연구에 잘 활용하다면 지금까지와는 비교할 수 없이 많고, 정확하며, 신뢰할 수 있는 데이터를 구할 수 있다. 그러나 인터넷의 이러한 특성이 매번 긍정적으로 사용되는 것은 아니다. 그렇기 때문에 인터넷을 이용해서 일본인들의 목소리를 들을 때는 다음과 같은 몇 가지 점도 아울러 고려해야 될 것이다.

먼저 일본 팬들 가운데는 아직도 컴퓨터에 익숙하지 않은 사람들이 많을 것이며, 따라서 인터넷을 주요 창구로 한다면 이들에 관한 정보는 빠지기 쉽다는 점이다. 특히 연령이 높아지면, 컴퓨터를 조작하거나 인터넷을 이용하는 데 어려움이 있게 마련이다. 60대 여성인 daikonbana씨는 3년 전 아들이 치매방지용으로 사준 컴퓨터를 제대로 활용하지 못하다가 「겨울연가」를 본 후에는 나이도 잊은 채 맹렬히 인터넷 활동을 한다고 말하였다. topstar씨나 nagomiko씨도 60대인데 자기와 같은 팬들을 만나 이야기를 나누고 싶어서 열심히 컴퓨터를 배웠다고 한다. nagomiko씨는 손자로부터 컴퓨터를 배워서 열흘 만에 글을 올린다고 즐거워했다.

"저는 60대이며, 나고야에 살고 있습니다. PC 1년생입니다. 이 홈페이지를 보고 싶어서 공부했습니다. 여러분들이 자유롭게 글을 쓴다는 사실에 힘을 얻어서 열심히 배워서 저도 이 정도로 글을 쓸 수 있게 되었습니다. 우리 모두 열심히 합시다."
(topstar, 10/30/04)

"…컴퓨터를 손자에게 배워서 열심히 하고 있는데, 역을 정도

되었습니다. 아직도 잘 못하지만, 여러분들이 지도해 주세요."
(nagomiko)

"nagomiko씨, 축하드립니다. 저도 3년 전에 아들이 나이가 들면
기억력이 나빠진다고 PC를 사다 주었습니다. … 이제는 PC로
용준 씨 관련 여러 사이트를 돌아다니고 있습니다."(daikonbama)

이 세 사람들은 사실 동연배 집단에서는 소수자들이다. 60·70
대 더 많은 여성들은 컴퓨터에 익숙지 않은 것이 사실이다. 겨우
초보를 뗀 eminishima씨나 moimoi씨의 어머니처럼 컴퓨터를 익
숙하게 할 수 없어서 안타까워하는 사람들도 많은 것 같다. 홈페
이지에 들어와서 정보를 교환하고 희로애락을 나누는 등 네트워
크 활동에서는 소외되었지만, 나이가 든 여성들 가운데는 나이와
는 상관없이 「겨울연가」 및 다른 한국 드라마를 진지하고도 열성
적으로 좋아하는 팬들이 적지 않다.

"… 생각처럼 PC 다루기가 쉽지 않네요. 앞으로 열심히 할 테
니 잘 부탁해요."(eminishima, 4/22/04)

"저희 어머니도 60대인데, pc를 할 수만 있으시다면 분명히 홈
페이지에서 여성멤버로 활약하실 겁니다."(moimoi, 10/30/04)

　그 다음에는 인터넷은 익명성을 보장하기 때문에 자신의 의견을 말하기는 쉽지만, 신상을 공개하는 것은 꺼린다. 필자들도 사생활에 대한 내용을 물을 수 없었다. 인터넷을 통해서 개인의 정보가 그대로 노출되는 상황이기 때문에 필자들은 방문자들과 응답자들의 신상에 대해서는 윤곽만 파악하는 데 만족해야 했다. 이 책에 등장하는 사람들의 이름은 인터넷 아이디로, 연령은 00대로, 이들의 시공간 위치는 홈페이지 주소와 글을 올린 날짜로 파악할 수 있을 뿐이다. 이러한 문제점에도 불구하고 필자들은 일본의 한류열풍을 분석하기 위해서는 인터넷을 활용하는 방법이 가장 신속하고 정확하며 또 효율적이라는 생각에는 변함이 없다.

Ⅱ. 한류 속에 보이는
일본 문화의 특징

일본은 1990년대에 들어 대중문화를 내세워서 아시아로 진출을 꾀하였다. 일본이 다시 아시아에서 문화로 패권을 잡으려 하였고 대만이나 동남아시아의 몇 나라에서는 성공을 거둔 것도 사실이다. 한편, 일본은 대중문화를 통해 아시아로 뻗어 나가기 위해서 일방통행만을 고집하지 않고 교류라는 명분을 내세워서 다른 나라의 대중문화도 받아들였다. 일본이 주도적으로 시작한 대중문화의 초국가적인 교류가 예상치 못했던 복병을 만났다. 그 복병은 한국의 대중문화였고, 한류라는 큰 회오리바람이었다.

중국과 동남아시아에서 시작된 한류가 마침내는 일본열도를 강타하게 된 것이다.

그런데 일본의 한류는 다른 아시아의 한류와는 분명히 차이가 있다. 그 차이는 한류 수용의 주체가 주로 중년 여성들이기 때문이다. 이들은 도대체 어떻게 한류를 감상하는가, 어떤 생각을 가지고 즐기는가 등을 좀더 주의깊게 살펴볼 필요가 있다. 이들이 보고 즐기는 것이 「겨울연가」라는 한국 드라마이지만, 일본인들은 자신들의 독특한 생각과 방법을 가지고 있다. 게다가 그것들은 일본의 전통 속에서 만들어진 새로운 변화라는 점이 흥미롭다.

1. 마쓰리를 닮은 인터넷 놀이

우리들은 일본인들을 대부분 인터넷이라는 가상공간에서 만났다. 홈페이지가 만들어지고 팬들이 방문하기 시작한 초기에는 주로 「겨울연가」와 배용준에 관한 정보를 부지런히 주고받으면서 서로 교감을 하는 정도에서 그쳤다. 그러나 시간이 지나면서 이들은 창의성을 발휘하면서 새로운 즐거움을 나누게 되었다. 그 가운데 하나가 인터넷을 통한 새로운 놀이의 창안이었고, 그 놀이과정에서 우리는 현대적인 마쓰리의 모습을 발견하였다.

마쓰리(祭)는 원래 한자어가 가리키듯이 신에게 제사를 드릴 목적으로 치르는 종교적인 의식으로서 일본인들에게는 중요한 의

마쓰리에 등장하는 오미코시

미를 가진다. 그러나 현대의 마쓰리는 종교적 의식을 갖추어서 행하는 것은 줄어들고 마을사람들끼리 친목을 도모하기 위해서거나 지역의 페스티벌 등의 오락적인 요소가 많아졌다.

일본인들에게 마쓰리는 오랜 전통으로 이어져서 생활화되어 있기 때문에 인터넷을 통한 놀이문화에서도 마쓰리를 닮은 점이 보인다. 참가자들이 모두 모여서 즐기는 행사로 자리잡은 현대적인 마쓰리가 인터넷이라는 가상공간에서 변형되어 나타났다. 지역이나 이웃이라는 물리적인 공간은 떠났지만, 이들은 이제 가상공간 안에서 서로가 모여서 즐겁게 놀 수 있는 장치를 가지게 된 것이다.

하나의 사례를 들어 보면, 2004년 12월 16일 홈페이지 게시판에서 일어난 〈007작전〉이다. 배용준이 비공식적으로 일본을 방문한 지 3일이 지났을 때 일본인 팬 중의 한 사람인 freesia22씨는 〈007 긴급지령〉이라는 제목으로 글을 올렸다. 연일 보도되는 매스컴의 추적으로부터 그를 보호해 주기 위해서 배용준과 유사한 사람들을 찾아서 거리로 내보내자는 것이었다. 가짜 배용준이 거리에 나타나서 기자들을 유인하는 동안 진짜 배용준은 조용히 쉴 수 있도록 해 주자는 갸륵한 제안을 하면서 시작된 재미있는 놀이였다. 그의 글이 인터넷에 올려진 후 10시간이 채 못 되어서 1,300여 명이 접속해서 185개의 답글을 올렸다. 팬들은 기발한 아이디어를 내놓기 시작하면서 그 재미는 증폭되었다.

〈007 긴급지령〉의 글과 답글을 읽어 보면 이들이 얼마나 즐겁게 놀이를 하는가 금방 알게 된다. 내용은 물론이고 사용하는 언어도 첩보원들의 흉내를 내며 긴박감과 유머를 섞어서 재미를 더해 가고 있다.

"우리 남편, 키는 조금 작고, 체중은 오버이고…도움이 될 수 있을 것 같지 않아요..아, 보정 속옷으로 수정!..그러면 어떻습니까?"(room1952)

"저녁밥을 준비하다가 긴급 지령을 보고 신장과 체중이 비슷한 아들 둘을 용준님과 비슷하게 자세를 취하라고 주의를 주어 내보냈습니다."(cometure)

"(한국어로)아르겠습니다!!! 동혁이를 닮은 고 1인 아들을 곧바로 출동시키겠습니다."(hiro0810)

"용준님 옷과 비슷한 코트를 구했습니다. …아들이 없기 때문에 사위에게 입힐 겁니다. 키가 좀 작기 때문에 키 높이 구두를 신게 해서 야케지마 방면으로 출동시키려구요."(hsmy72)

room1952씨는 배용준과 닮은 사람을 내보내야 하는데 주위를 둘러보니 남편은 키가 작고 배도 나와서 자격미달이지만, 몸매교정 속옷을 입히면 날씬해 보이지 않겠느냐고 재치 있는 아이디어를 냈다. 남편이나 아들 그리고 사위 등을 내세워서 가짜 배용준을 만들자고 하는 이들의 유머에 저절로 웃음이 나온다. 〈007 긴급지령〉이라는 상황에 어울리게 '사령관', '지령' 등의 군사용어가 나오고, '아르겠습니다' 같은 한국어도 튀어나온다. 이 작전이 진행되는 동안 "너무 재미있어요. 배를 움켜쥐고 눈물을 흘리면서 웃고 있어요."라는 답글도 올라오고 있었다.(minnmama) 너무 웃어서 마음도 몸도 더워져서 난방을 껐으니 에너지 절약으로 지구 온난화 방지에도 도움이 되고 있다는 bihoo씨의 유머도 재미있다. 〈007 긴급지령〉글과 답글을 통해서 주부들은 평소에 느껴 보지 못했던 재미를 만끽하고 있었다. 번뜩이는 재치, 유머 모두 자신들도 잊고 있었던 영역이었다. 자신에게서 그런 유머가 나올 수 있었는가 하는 것에도 놀라고, 또 다른 사람들이 쓴 재미있는 글을 읽으면서 서로 마음껏 웃을 수 있는 순간이 일상생활에서 그리 많지 않았을 것이다. 그래서 새롭게 발견한 재미에 이들은 밤이 깊은 줄 모르고 시간을 보낸다.

이처럼 주부들은 처음에는 컴퓨터에 익숙지도 않았으나 곧 익숙해지면서 인터넷을 통해서 새로운 놀이에 열중하게 되었다. 이러한 현상은 이들이 배용준의 팬이라는 공통점과 인터넷의 혁신기술이 만나면서 가능해진 일이다. 지난 해 연말 이들은 인터넷을 통해서 과거와는 전혀 다른 식의 망년회를 즐겼다. fromA씨가 12월 13일 망년회를 제안하면서 사람들이 가상공간으로 모이기 시작하였다. 〈상상·공상·망상〉이라는 제목을 단 이 망년회 제안은 재치가 넘친다. 초청자 fromA씨의 제안내용을 들어 보기로 하자.

초청자 fromA씨의 제안이 나오자마자 130명 이상이 참석하여서 답글을 달았다. 많은 참석자들이 민영이나 준상이 옆에 앉고자 했으나 경쟁이 치열해서 대기하거나 아니면 다른 사람들 옆에 앉을 수밖에 없다고 말한다. 민영의 옆자리는 양보를 잘 안 해서 화장실 갈 때 잠시라도 앉아 보면 안 되겠느냐고 응석을 부리기도 한다. 참석자들은 fromA씨가 말한 대로 한국 음식을 가지고 와서 서성댔다. 조금 늦게 온 사람들은 본인이 앉고 싶은 자리를 얻지 못해서 대기한다고도 했고, 기다리느니 다른 사람 옆에 그냥 앉아서 망년회를 즐기겠다고도 했다. 어떤 참석자는 "제가 최고! 용사마, 저를 안아주세요!!"라고 하는 다소 노골적인 표현을 하는 경우도 있었지만, 많은 참석자들의 글은 천진난만한 그들의 생각을 그대로 보여 주고 있었다. 밤이 늦어서 잠자리에 들려고 잠옷을 갈아입었는데, 그대로 참석해도 되느냐는 h13ajlnc씨, 청소년인 준상이에게는 술을 권하면 안 되는데 하고 망설이는 그의 마음과 mamiyuki82씨처럼 술을 마시지 못해서 우롱차로 건배를 해도 되느냐고 하는 모습 속에서 이들의 순수함을 엿볼수 있다.

"fromA 님, 이제 자려고 하는데, 파자마를 입고 망년회에 나가도 괜찮을까요? 안경을 쓰지 않은 준상이 옆에 앉겠습니다. 미성년 이라구요~!!! 술은 안 되겠네요~ 준상이는 좀 불량기가 있으니까, 괜찮겠지요? 따뜻한 소주라도 한 잔 권해 보겠습니다."
(h13aj1nc)

"fromA 님, 언제나, 재미있는 리플 감사합니다. 저는, 술을 마시지 못해서 우롱차로 건배하겠습니다. 건~배^-^ 누구 옆에 앉을까 하고 생각하는 사이에 여러분의 리플이 일제히 나왔네요. 저는 긴 차장 옆에 앉겠습니다. 긴 차장 건너편에는 먼영 씨가 앉아 있으니까요~"(mamiyuki82)

이들이 준비해 온 한국 음식 메뉴를 보면 드라마에 등장하는 음식이거나 한국 관광을 하면서 먹어 본 음식들이다. 드라마에서

떡볶이를 먹는 장면이 등장하기 때문에 일본인들도 떡볶이를 알게 된 것 같다. 또 닭갈비가 등장하는 것을 보면 이들이 춘천을 다녀왔다는 것을 알 수 있다. 이들이 가지고 온 음식은 요리책에 소개되는 정식 한국 요리가 아니라 잡채·게장·삼계탕·소주 등 서민들이 자주 먹는 것이다. 한국 드라마에서 주인공들이 자주 포장마차를 이용하고, 또 드라마에서 길거리 음식이 등장하다 보니 일본인들도 그러한 음식에 대해 지식이 생긴 것 같다. 한 편의 드라마가 음식문화를 소개하는 창구가 된다는 것 또한 재미있는 일이다.

"fromA님, 일부러 와 주셔서 감사합니다.~ 즐겁네요.^^ 여러부~운~ 제가 가져온 실패한 김치를 드셔 보세요.~ (항아리에 넣어 짊어지고 와서) 많~이 있어요. 아! 잠깐! 동혁 씨가 처음이에요.~ 실패한 것도 맛있다면서 먹어 주네요!! (^.^)" (matu4611)

"잡채도 닭갈비도 김치찌개도 맡기세요! 김치도 한국 김도 가지고 가겠어요! 아~재효 옆자리에 가고 싶다~ 앗! 재효가 양말을 벗기 시작했어!!!" (yorilin)

밤이 늦어지자 초청자 fromA씨는 망년회의 막을 내렸다. 모두들 많이 취했으므로 1차는 이쯤에서 끝내자고 제안하였다. 그러고 나서는 2차에서 다시 만나기로 하고 한국요리·술 그리고 즐

인터넷 망년회에 등장한 한국 음식들

오미코시

거운 사람들이 모인 인터넷 망년회를 끝냈다.

인터넷이라는 공간은 이들에게 색다른 환타지를 경험하게 만든다. 드라마를 통해서만이 아니라 가상공간에서 이루어지는 이러한 놀이와 교제는 과거에는 상상하기 힘든 것이었다. 타인들과 스스럼없이 만나서 자신들의 속마음을 터놓고 자유롭게 말할 수 있는 시간을 만들 수 있게 된 것이다. 이들은 이러한 놀이를 통해서 그동안 잊고 지내던 어린 시절의 순수함을 그대로 표출할 수가 있었다. 천진난만하고 솔직한 옛 모습을 되찾을 수 있는 자신과 타인들을 바라보면서 이들은 즐거워하며 또 고마움을 느끼고 있다.

오미코시를 닮은 가상공간의 가마

전통사회의 마쓰리는 병을 쫓기 위해서거나 풍작과 풍어를 비는 의식에서 유래된 것으로 신사나 절을 중심으로 해마다 제를 올릴 때 행해지는 것이다. 각 지역마다 오랜 전통을 자랑하는 각종 마쓰리가 매년 지역민을 즐겁게 하고 또 관광객을 불러모은다. 마쓰리의 역사와 내용은 형형색색이지만, 공통적인 것은 신을 영접하기 위해서 화려하게 꾸민 가마인 오미코시가 등장한다. 오미코시를 메고 둥둥 북소리를 울리며 신을 맞이하러 나가는 것이다. 남녀노소가 신위를 모시는 가마를 메고 나가는 상징적인 행위를 통해서 지역민들이 단합하는 계기가 되기도 한다.

일본인 팬들이 인터넷에서 새로운 놀이를 할 때도 오미코시가 등장한다. 배용준이라는 한 사람을 가마에 태우고 흥겨움에 겨워서 이리저리 노니는 집단의 모습을 보게 된다. 다음은 junai829씨가 2004년 12월 8일 인터넷에 올린 놀이제안이다. junai829씨는 〈용준 씨의 몸의 일부가 된다면!!!〉이라는 제목으로 놀이를 제안하였다. 이 놀이에 많은 사람들이 참석하여서 인터넷 오미코시를 만들었다. 저마다 재미있는 아이디어를 제공하면서 자신이 어떤 부분이 되고 싶다고 말한다. 가슴·입술에서부터 발바닥에 이르기까지 그 이유도 다양하다.

"입술이 좋아요. 말할 때 입술이 움직이는 것을 가장 좋아해요. 마이크를 쥐고 있어도 그 손을 입 주위에 가져가서 손가락으로 스칠 수 있으니까요. 하지만 머리도 좋아요. 머리는 곧 마음이니까요. 마음 속 깊~은 곳에 들어가 보고 싶어요." (gingertea)

"저는 높고 아름다운 코가 되고 싶어요!! 진짜 좋은 공기를 그의 몸에 보내드리겠습니다!! 저를 통해 산소를 넣어드리고… 어떤 작은 먼지라도 통과시키지 않고 말이죠." (hohohoemi)

"몸의 일부라면 역시 새끼손가락일까…그래도 하나 더 말해도 괜찮다면 애용하는 베개가 되고 싶지요(^^)." (2131780102)

"절대적으로 눈이에요!! 그 눈동자로 거울을 바라보는 것을 상상하면…꺄~ 어떻게 해!!" (freeway)

"나도 용준 씨의 마음을 함께 느끼고 싶어요. 심장에게 한 표!! 함께 두근거림을 느끼고 싶어요. (*^-^*) (yumeko)

가장 인기있는 부분은 가슴 부분인데, 심장·마음이 있어서라고 한다. 입술·눈 그리고 새끼손가락도 인기였다. 새끼손가락에는 그가 아끼는 반지가 끼워져 있어서이다. joonai씨는 특이하게도 혈관이 되고 싶다고 한다. "용준 씨의 잘생긴, 조각 같은 저 몸에 흐르는 혈관이 되고 싶어요~~~" 음악을 하는 hazuki21씨는 목청이 되고 싶다고도 한다. "역시 퍼펙트한 아름다운 목소리!! 자상하고 때때로 격렬하고…절실한…목소리 사랑스러워요~~^^"

놀이는 재미를 추구한다. 그러면서도 배용준이라는 한 우상을 가상 가마에 올려 놓고 논다. 가마를 받쳐 든 팬들은 그를 우러르는 동안 재미에 빠진다. 구렛나루가 되어서 만져지는 것만 해도 황송하다고 하고, 발바닥이 되어도 좋겠다고 한다. 때로는 어디인지를 말할 수 없다며 비밀에 부쳐 두는 이들도 있다. 가마를 잡은 이들은 한 사람도 빠짐없이 배용준의 몸의 일부가 되는 상상 속으로 빠져든다. 그리고는 즐겁고 행복해 한다.

인터넷과 마쓰리, 배용준과 오미코시는 참으로 거리가 먼 말들이다. 그러나 전혀 다른 이 두 차원의 문화가 실제로는 의외의 장소와 시간에서 만나고 있다. 21세기 정보의 혁명으로 인터넷과 한류를 접하게 된 일본인들은 자신들에게 익숙한 방법으로 또 자연스러운 형태로 놀이문화를 만들고 있음을 알게 된다.

2. 셋이면 빨간불도 두렵지 않다

일본인 팬들의 대부분은 중장년 여성들이고 지금까지 가정생활에 충실했고, 지금도 여전히 성실한 주부들이다. 그런데 어느 날 갑자기 이들이 10대 팬들과 같은 행동을 그대로 보여 주어서 사람들을 놀라게 하였다. 놀란 사람들은 비단 일본인들만은 아니었다. 한국인들은 물론 그 밖의 여러나라 사람들도 이 광경이 해외 뉴스로 보도되자 의아하게 생각했다. 점잖고 예의바르며 질서를 잘 지키는 것으로 유명한 일본의 여성들이 아니었던가.

2004년 11월 25일 배용준이 일본을 방문하던 날 나리타공항에

용사마를 기다리는 일본 '가족' 들

모인 환영인파는 4,500여 명에 이르렀다. 1979년 공항이 개항된 이래 최대의 인파가 모였다고 한다. 그가 처음 일본을 방문했을 때도 하네다공항으로 7,000여 명의 환영인파가 출영 나와서 일본의 매스컴을 놀라게 한 적이 있었다. 놀라움을 금치 못한 매스컴들은 이 숫자는 헐리우드의 어느 인기 배우들이 모은 인파보다도 많았다고 전했다. 혹자는 하네다공항은 교통이 편리하므로 그럴 수도 있다고 하면서 호들갑스러운 보도에 대해서 은근히 나무라는 투로 평하기도 했다. 그래서 두 번째 그의 방문 때는 교통이 다소 불편한 나리타공항을 이용하도록 했다는 말도 있다. 그럼에도 불구하고 많은 사람들이 나리타공항으로 몰려들었다.

다음날 뉴오타니호텔 앞에서도 수많은 중년의 여성 팬들이 모여들었다. 배용준을 보기 위해서 모인 군중들이 밀고 밀리는 상황에서 십여 명이 부상 당하는 불상사가 일어났다. 이들이 우왕좌왕하는 광경이 텔레비전을 통해서 국내외로 방영되었다.

이 광경을 본 배용준의 팬인 baro20씨는 〈텔레비전에 비추어진 오바상(아줌마)들에게〉라는 글을 2004년 12월 1일에 홈페이지에 올렸다. 우리는 baro20씨와 그에게 동조하거나 비난하거나 사람들의 글을 통해서 이 사건을 나름대로 이해해 볼 수 있다.

"나 자신도 용준 씨의 팬입니다. 배용준은 정말 훌륭한 배우입니다. 일본에 있을 때 파파로치 행위를 하고 있는 아줌마들을 보고 용준 씨가 안쓰러워 보였습니다. 아줌마들의 행위는 정도가 지나쳤습니다. 그것은 스토커였습니다. 그렇게 생각해 보신 적은 없으십니까? 공항이나 호텔을 비롯해서 다른 손님이나 그곳에 근무하는 사람들에게 피해를 준다는 사실을 생각해 보셨습니까. 나 자신도 나리타공항의 모 항공회사에 근무하고 있습니다만 …"(baro20)

baro20씨의 글은 무려 7,380회의 조회수를 기록했으며 35명이나 댓글을 달았다. 그만큼 baro20씨의 글은 반향이 컸다. 무엇보다도 그가 '오바상(아줌마)'이라는 단어를 제목에 사용하면서 팬들을 비하했기 때문이었다. 팬들은 크게 두 파로 나뉘어져서 서로 공방을 벌렸다. 이 사건이 교훈이 되었으면 좋겠다는 사람들과 baro20씨를 비판하는 사람들은 말을 주고받았다. baro20씨에게

'가짜팬' 이라고 하기도 하고, '함부로 오바상(아줌마)이라고 하지 말라' 하기도 했다. baro20씨를 공격하는 이들은 공항이나 호텔에 몰려갔던 사람들을 옹호하는 입장이었다.

일본인 팬들이 만일 혼자였다고 생각했으면 공항이나 호텔로 가는 것을 자제했을 것이다. 어떤 이들은 이러한 일이 벌어질 것을 예상해서 섣불리 공항에 나가거나 호텔 앞에서 진을 치는 행동을 자제하자고 미리 이야기를 하는 이들도 있었다. baro20씨가 지적한 것처럼 이들의 행동이 도를 넘은 것이 사실이었고, 자신들도 알았을 것이다. 하지만 여러 사람들이 한꺼번에 일을 저지르면 의기투합해서 정지해야 하는 빨간불도 그냥 지나갈 수 있는 마음이 생기는 것을 보여 주고 있으며, 이와 같이 지나친 행동에 대한 비판을 오히려 몰아붙이고 있는 모습도 볼 수 있다.

일본인들의 행동에서 나타나는 특징을 잘 표현하는 말 중에 '셋이면 빨간불도 두렵지 않다' 가 있다. 이 말은 좋지 않은 일도 여럿이라면 해낼 수 있다는 뜻이다. 바꿔 말하면 바람직하지 않은 일이라도 집단으로 하면 두려움 없이 하게 된다는 것을 우회적으로 표현하고 있다. 이 말은 꼭 일본인들에게만 해당되는 것은 아니지만, 유독 여기에서 언급하는 것은 일본인 팬들이 보여 주는 예사롭지 않은 여러 가지의 집단행동 때문이다. 일본인들에게는 집단성이 유독 강하게 나타나기에 이러한 말이 만들어진 것이 아닐까 하고 생각하게 된다.

3. 한 번 믿으면 영원히, 한 번 사랑하면 영원히

일본인 팬들로부터 듣게 되는 흥미로운 말 가운데 하나가 배용준을 향한 사랑과 신뢰가 영원할 것이라는 말이다. hakodate씨는 '한 번 믿으면 영원히, 한 번 사랑하면 영원히' 라는 말을 인용하면서 자신이 60대임에도 불구하고 「겨울연가」와 용사마의 열렬한 팬이 되었고 그것이 영원히 계속되리(10/30/04)라고 말하고 있다. hakodate씨와 생각을 같이하는 팬들이 적지 않으며 '영원히 좋아할 것' 이라고 자랑스럽게 말하는 일본인 팬들을 보면서 우리는 일본인과 일본 문화를 이해하는 것이 간단하지 않다는 생각이 든다. sumityann씨도 〈영원히 용준 씨를 응원합니다〉라는 글을 쓰면서, 팬으로서 자신의 변치 않음을 다시 한 번 확인하고 싶다며, "나랑 이야기해 줄 분은 안 계신지요. 저는 영원합니다"(10/12/04)

라고 하고 있다. suumityann씨의 글이 올라오자 여러 사람들이 댓글을 달았다. mandy씨는 "저도 마찬가지입니다. 이 행복을 맛보면서 영원히 용준 씨를 응원해 갑시다"라고 했고, 20030929씨도 비슷한 말로 자신의 마음은 변치 않는다고 확인해 주었다.

"나도 영원히 용준 씨가 있는 한 응원하고 싶은 한 사람입니다. 정말로 사랑을 하고 있는 듯한 기분입니다. 사랑하는 감정을 느끼고부터는 생활의 활기를 갖게 되었습니다. 서로 격려하면서 응원하며 멋진 가족이 됩시다."(20030929, 10/12/04)

일본에서 한류 현상이 일어나기 전까지만 해도 일본인들은 다른 동양문화에 대해서는 별다른 관심이 없었다. 약간의 우월의식에서 출발하여서 동양인과 동양문화를 다소 낮추어 보는 경향조차 있었다. 일본인들의 이러한 정서는 어제 오늘에 만들어진 것은 물론 아니며 아마도 일본이 근세 이후 국력을 키우면서 동양의 강자로 군림하였기 때문으로 생각된다.

일본은 근세 초 서양과의 교역을 통해서 부국강병에 힘을 썼고 그 결과 앞선 군사력과 경제력을 가질 수 있었다. 제국주의시대가 도래하면서 조선·만주·대만을 식민지로 만들었고 청일전쟁·러일전쟁 등 강대국과의 전쟁에서 승리하게 되었다. 군국주의에서 비롯된 일본의 힘으로 말미암아 일본인들은 동양의 다른 나라보다 우월하다는 자부심을 가지게 되었다. 그러나 동아시아의 역사는 일본의 이러한 우월주의가 그리 오래된 것이 아님을 증명하고 있다. 일본은 고대와 중세에는 중국과 조선으로부터 문물을 전래받으면서 문명화하는 터를 마련하였다. 17세기 중엽 일본을 방문했던 조선통신사에 대한 막부의 대대적인 환대에서도 그 사실을 알 수 있다. 16·17세기 해상교통의 발달로 세계가 하나의 교역 시스템을 만들면서 일본은 중국과 조선을 앞지르기 시작했다. 그리고 마침내는 제국주의시대가 열리면서 동양의 최강국으로 일어서게 된 것이다.

이러한 역사적 경험을 바탕으로 일본인들은 같은 동양인이면서도 동양인을 다소 무시하는 정서가 있었다. 그래서 근세 이후의 중국이나 한국에 대해서 커다란 관심을 두지 않았던 것도 사실이다. 특히 일본이 제2차 세계대전에 패망한 후 전후 복구기간에는 주위를 돌아볼 여유도 없었을 터이지만, 서양을 선호하는 경향은 여전하였다. 이러한 일반적인 분위기 속에서도 간혹 한국의 몇몇 정치인·문학가·가수 등이 일본인들로부터 존경과 호감을 얻는 경우가 있었다. 한국의 민주투사로 알려진 김지하 시인, 김대중 전대통령을 좋아하는 일본인들도 있었고, 김연자·조용필 등의 대중가수 팬들도 적지 않다.

또 과거로 눈을 돌려 보면 수적으로는 적었지만, 일본인 가운데는 우월의식을 접고 한국인을 깊이 존경하고 따랐던 사람들이 있었다. 안중근 의사에 대한 영원한 사랑과 존경을 간직했던 치바 도시치(千葉十七)의 변함없는 정성이 좋은 예이다. 안중근 의사는

안중근 의사(1879~1910)
자신의 간수장 치바 도시치에게
'爲國獻身軍人本分'을 써 주다

치바 도시치(千葉十七)
안중근 의사의 글과 위패를
자신의 집에 모시다

한일합방조약을 저지하기 위해서 초대 내각총리대신이며 추밀원 의장인 이토 히로부미를 1909년 하얼빈 역에서 암살하였다. 그는 곧 그 자리에서 일본 헌병대 손에 붙잡혔다. 그리고 여순의 형무소로 이송되었다. 당시 27살이었던 치바 도시치는 안중근을 호위한 헌병대원 가운데 한 명이었다. 메이지유신의 공신으로 일본인들의 숭상을 받는 이토 히로부미를 살해한 안중근에 대해 치바 도시치는 적개심을 가지고 있었다. 그러나 그가 안중근의 간수장을 맡게 되면서부터 그의 생각은 바뀌어 갔다.

안중근 의사를 5개월 동안 가까이에서 바라보면서 그의 의연

한 정신과 인격·식견·따뜻한 마음에 끌려서 그를 깊이 존경하게 되었다. 안중근 의사는 1910년 처형되었고, 치바 도시치는 1921년 일본으로 돌아왔다. 귀국 후 그는 인중근 의사가 자신을 위해서 써 준 '위국헌신군인본분(爲國獻身軍人本分)'을 고이 간직하고 1934년 사망하기 전까지 그가 남긴 글과 위패를 자신의 집에 모시고 매일 일본식의 공양을 드렸다. 그가 안중근 의사를 존경했던 이유는 나라를 위하여 몸을 바치는 것이 군인의 본분이라는 정신 때문이었다. 그는 안중근의사에 대한 봉정을 지속하도록 유언을 남겼고, 그의 부인이 그 일을 지켰다. 부인이 세상을 떠난 후에는 양녀인 조카딸이 그 뒤를 이었다. 지금도 치바 씨의 후손들이 센다이에 있는 대림사(大林寺)에서 안중근의사의 추모제를 행하고 있다.[8] 안중근은 한국에서는 애국자이지만, 일본의 입장에서는 공신을 죽인 암살자였다. 그럼에도 불구하고 치바 도시치는 그를 존경하는 마음에서 일본으로 돌아와서도 그의 제사를 지냈다. 당시 주위의 따가운 시선에도 불구하고 치바 도시치는 남모르게 안중근 의사를 봉정하였고 그 일이 아직도 지속된다는 점이 우리의 눈길을 끈다. 겉으로는 일사분란하게 통합되어 움직이는 일본 사회 내부에는 이처럼 다양한 생각과 행동이 숨어 있다. 시간을

---

8 안중근 의사의 친필은 탄신 100주년 기념을 계기로 1979년 12월 11일 한국으로 반환하였고 지금은 안중근 의사 기념관에 보관되어 있다. (『대한국인 안중근』, 제22호, 안중근의사 숭모회, 2004년 가을)

조금 더 멀리 놓고 볼 때 또 하나의 흥미로운 역사가 우리의 눈에 들어온다.

최근 일본인 관광객들 가운데 대구시 달성군 가창면에 위치한 녹동서원에 들려서 참배를 하는 사람들이 크게 늘어났다. 그곳에는 김충선을 모시는 사당이 있다. 일본인들이 참배를 하는 대상은 바로 사야가(沙也可)로 알려진 일본에서 귀화한 조선인 김충선이다.

1592년 봄 부산포에 상륙한 20만 왜군 중 한 젊은 장군 사야가는 무인으로 장래가 보장된 인물이었다. 수천의 군사를 거느리고 조선을 침략한 이 젊은 장군은 임진왜란의 부당함에 고뇌했다. 마침내 그는 옳지 못한 전쟁을 거부하고 수백 명의 군사들과 함께 조선에 투항하고 귀화하였다. 자신의 명성과 지위 그리고 국가를 버린 선택이었다. 그는 조선인이 되어서 남해로 침투하는 왜군을 무찌르는 데 공을 세웠다. 그의 무공과 충절에 감복한 선조는 김해 김씨라는 성과 '충선' 이라는 이름을 지어 주었다.

김충선은 고향을 그리워하면서도 죽을 때까지 변치 않았던 그의 신념으로 유명하다. 내면적으로는 고뇌하는 그의 모습은 다음 시에서 잘 표현되어 있다.

남풍이 때때로 불 제
고향을 생각하니
조상의 무덤은 평안한가
일곱 형제는 무사한가

대림사: 안중근 의사 추모제

녹동서원(대구시 달성군): 김충선(귀화 일인)의 사당

이같이 김충선은 시를 통해서 자신의 번민을 드러내고 있지만, 그는 가족과 국가를 뛰어넘어서 자신이 옳다고 생각한 신념을 실천한 인물이었다. 그의 행적을 담은 소설 『바다의 가야금』[9]이 나오면서 김충선이자 사야가는 더욱 유명해졌고, 대중들이 기억하는 역사적인 인물로 부상하였다. 조국을 버리고 조선에 귀화해서 왜군을 무찌르는 데 공을 세운 장군임에도 불구하고 일본인들은 그를 참배하러 먼 곳을 마다하지 않고 찾아온다. 국가적인 역사관과는 상관없이 개인적으로 김충선을 기리고자 하는 사람들이 많다는 증거이다.

녹동서원에는 일본 공무원들도 다녀가고, 고등학교 수학여행단도 단체로 참배를 하고 간다. 최근 한류를 계기로 사야가를 소재

---

9 『바다의 가야금』(海の伽倻琴)의 저자는 고사카 지로(神坂次郎)이다.

로 한 만화도 나왔다. 글을 쓰는 구라시나료 씨는 "한국 드라마를 의식한 것은 아니지만 한류열풍을 맞아서 일본인이 모르는 한일 역사를 다루고 싶었다."라고 말하고 있다.[10] 김충선 참배객들이나 소설과 만화로 읽는 사야가의 팬들 가운데는 역사를 국가로부터 분리시켜서 과거의 사실을 보려는 마음이 있음을 알 수 있다.

사야가나 안중근을 기리는 데 국적을 따지지 않고, 그들이 지닌 훌륭한 점을 존경하는 일본인들이 있다. 또 사야가도 그랬고 치바 도시치도 그랬지만, 개인적으로는 고뇌하면서도 한 번 선택한 것을 끝까지 지키고자 했던 충절이 훌륭해 보인다는 점에서 그들이 인정받는 것이다. 일본이 겉으로는 통합이 잘된 사회처럼 보이지만, 내면적으로는 다양성을 유지할 수 있는 가치관도 발달되어 있음을 알 수 있다. 국익이나 사적인 이익과는 별도로 자신들이 선택한 것을 끝까지 지키고자 하는 정신을 높이 산다는 점이 바로 그 예이다. 이러한 가치관이 오늘날을 사는 일본인들 사이에서도 중시되고 있음을 알 수 있다.

현재 일본인들 사이에는 왜 하필 한국 드라마인가, 왜 한국 배우인가 하며 한류를 비판적인 눈으로 보는 사람들도 있다. 이러한 세간의 비판적인 평가에 대해서 일본인 팬들은 '한 번 믿으면 영원히, 한 번 사랑하면 영원히' 라는 말로 답을 대신하고 있다.

---

10 일간스포츠 2004년 9월 30일 기사.

2005년 1월 중순에 한국의 한 광고회사가 인기연예인들을 대상으로 부정확한 평가 자료를 만들었고, 그 내용이 인터넷으로 유출되는 사건이 일어났다. 대부분 연예인들을 폄하하는 내용들이어서 더욱 사회적인 반향이 심각해졌다. 혹시 이러한 부정적인 내용들이 최근 한류에도 나쁜 영향을 주는 것은 아닌가 하는 우려도 나왔다. 배용준에 대한 가십도 들어 있었다. 일본의 아사히신문은 이 사건을 보도하면서 그에 관한 부정적인 이야기를 내보냈다.[11] 그러자 곧 뒤이어서 〈朝日新聞의 배용준 씨의 보도, 용서할 수 없다〉라는 제목의 글이 2005년 1월 21일에 올라왔다. 그러자 이 글에 동조하는 팬 110여 명이 댓글을 달았다. 그 내용 가운데 몇 개를 소개해 보고자 한다.

---

11 朝日新聞의 2005년 1월 21일자 보도 내용은 "일본에서 절대적인 인기를 얻고 있는 배용준 씨에 대해서도 매니저를 때린다는 말이 쓰여 있다. 연예인측은 대항조치로서 소송도 검토하고 있지만, 고소 대상을 정할 수 없는 등의 문제가 있어서 혼란은 당분간 계속될 것이다."

공개하고 구체적인 소문을 생생하게 보도했습니다. 어떻게 그럴 수 있을까요? 2,3류지에서도 싣지 않는 기사를 내보냈습니다.(ring, 1/21/05)

일본 팬들은 일본에서 가장 권위 있는 일간지 가운데 하나인 아사히신문이 저급한 기사를 보도했다고 흥분하고 있었다. 배용준에게 다분히 저의가 있는 것이 아니냐는 날카로운 항의도 있었다. 왜 유독 배용준만 실명을 사용했는가. 그리고 그가 中越 지진과 동남 아시아 해일에 3,000만 엔을 기부했을 때나 공식홈페이지가 해킹 당했을 때는 작은 기사로 내보더니, 악의적인 가십 내용의 뉴스를 크게 보도하는 저의가 무엇이냐고 항의하였다. 화가 난 팬들은 30년 이상 구독해 온 아사히신문을 보지 않겠다고까지 말하고 있다.

"30년 이상 아사히신문을 구독하고 있었는데 이번 국제면에 보도된 기사는 참으로 유감스럽습니다. … 아사히와는 당분간 거리를 두겠습니다."(myojo)

"(아사히)신문구독 계약을 우리 주부들이 저지우지하고 있는 것을 아사히신문은 알고 있는 것일까요?"(m&m)

"… 아사히 신문으로부터 사죄를 받아야겠습니다!"(rurudo)

오랜 전통과 품격을 지닌 아사히신문이 그런 기사를 내보내자 구독중지를 하겠다는 이들이 많았다. m&m씨는 신문구독을 정하는 것은 주부들인데, 배용준의 팬인 주부들이 아사히신문으로부터 멀어지면 분명 아사히신문사에 영향이 있을 것이라고 말하고 있다. 참다 못해서 nonryu씨처럼 아사히신문에 항의메일을 보내고, 전화를 해서 신문구독을 중지했다는 이들도 많았다. 경쟁사인 마이니치신문으로 바꾸겠다고 하면서 앞으로는 아사히신문의 발행부수가 줄어들 거라고 말했다.

'침착해지자', '냉정을 잃지 말자'고 하면서 흥분된 팬들을 다독거리는 이들도 있었다. etu2232씨는 "우리 가족들이 용준씨를 지킵시다"라고 하였다. 인터넷을 통해서 끝없이 번져 나가던 나쁜 소문들에 대해서 이들은 동요하지 않고 오히려 가족애를 발휘하자고 한다. "가족은 소문을 믿지 않으니까 …"하며 miko씨도 일편단심을 내보였다.(01/21/05) 초등학교때부터 구독해 온 아사히신문을 끊을지언정 저급한 기사에 마음이 흔들릴 수 없다는 일본 주부들이 '한 번 믿으면 영원히, 한 번 사랑하면 영원히'를 실천하려는 마음과 행동을 보여 준 사건이었다.

4. 감사함 속에 담긴 의미

일본인 시청자들은 「겨울연가」를 본 후에 제작자들과 배용준에게 감사한다는 말을 자주 하고 있다. 드라마는 보고 즐기는 것이라는 생각을 가진 우리들은 일본인 팬들이 '감사합니다' 라는 표현을 할 때마다 처음에는 이해가 가지 않았다. 왜 감사하다고 하는 걸까 하는 생각에서 좀더 찬찬히 이들의 목소리에 귀를 기울이기 시작했다. 그러자 비로소 이들이 감사하는 이유를 알게 되었다. apopu씨가 올린 〈나는 남성입니다만 …〉이라는 글을 읽으면 그 이유가 더욱 분명해진다.

"저는 남성입니다만, 어머니가 「겨울연가」를 열심히 보셔서 저도 덩달아 재미있게 보게 되었습니다. (배용준이) 일본을 방문했을 때, 어머니는 암수술 후 입원하고 계셨습니다. 얼굴에 기구를 끼고 계신 어머니에게 간호사가 "용준씨의 다큐멘터리 시간이네요. 녹화해야지요!"라고 하니까 어머니가 분명하게 반응을 했다고 합니다… 아마 입원하고 계시지 않았으면 어머니도 용준 씨를 보러 모인 3,500명의 가족 가운데 계셨을 겁니다. …지금까지 육아 등 가사일로 오랫동안 쓸쓸하게 보낸 분들이 많았을 겁니다. 주부들에게 생활의 윤택함을 주고 저희 어머니에게 힘이 되어서 살고 싶은 의지를 심어 준 YONG님께 정말 감사드립니다!" (apopu, 12/16/04) apopu씨의 어머니는 그 후 퇴원했고, apopu씨가 크리스마스 선물로 배용준의 사진집을 어머니께 선물할 계획이라고 했다. 일본인 팬들이 감사하다는 말을 전할 때 가장 많이 등장하는 이유는 가족 사이에 사랑을 되찾아 주었을 때와 일상생활의 무료함에 활기를 넣어 주었을 때이다.

이와 비슷한 일화를 필자의 수업을 듣고 있는 한 학생이 전해 주었다. 2004년 어학연수로 일본에 있는 동안 직접 NHK 아침방송에서 본 내용인데, 어느 할머니의 배용준 사랑에 대한 보도였다. 80대인 그 할머니는 배용준의 팬이 되면서 자기의 집 한쪽에 배용준 방을 따로 만들고 그곳에다가 태극기, 한국의 전통 인형, 배용준 관련 신문기사로 가득 채웠다. 방송국에서는 할머니와 아들, 며느리, 손자를 인터뷰했는데, 가족들은 입을 모아서 배용준에게 절이라도 하고 싶은 심정이라며 고마워했다. 할머니의 아들은 어머니가 배용준을 좋아하기 시작하면서 전보다 훨씬 건강해지고, 활기에 넘쳐서 지내시기에 그에게 감사하다고 했다.

"나는 용준 씨에게 마음을 뺏겨서 남편에게 「겨울연가」 DVD를 사달라고 하고, PC도 도움을 받습니다. 남편은 용준 씨 사진을 찾아주기도 하고, 인쇄할 프린터를 교체해 주기도 하는 등…많이 도와주며 이해해 줍니다. 아이들에게도 '엄마가 좋아하는 것에다가 돈을 많이 써서 우리 내일부터는 식탁이 썰렁하겠네~(^^).' 하고 장난스럽게 말을 하기도 합니다. 나를 따뜻

준상이네: 준상이와 어머니가 있던 공간

한 주부는 평소에 메일을 보내지 않던 남편이 배용준이 일본을
방문했을 때 하루에도 수 차례 메일을 보내면서 짓궂은 장난을 했
다고 한다. "이야~!! 나 (배용준) 봤다!" "근데 어떤 여자와 함께
있던대!!" 라는 이메일을 보내면서 자기를 놀려댔다고 한다. 초등
학생인 아들도 덩달아서 "지금 돌아오는 길에 닮은 사람을 만났
는데, 혹시 그 사람이 아닐까?" 라고 엄마한테 장난을 거는 그런
언행이 부전자전이지만, 그녀는 무척 행복하다고 말한다. 아내이
자 엄마가 뒤늦게 그리고 새삼스럽게 한 배우를 좋아하며 호들갑
떠는 것이 가족들의 눈에는 사랑스러워 보였다. 누구라도 사랑할

수 있는 자유가 허락된 환타지 속의 인물을 통해서 오랜만에 가족이 하나가 된 느낌을 받고 있는 것이다.

주부들이 드라마를 즐기게 되고 배용준의 팬이 되면서 남편들에게는 새로운 일거리가 생겼다. 이야기를 들어 주어야 하고, 인터넷에서 자료나 사진을 다운로드 해 주어야 하며, 때로는 짓궂은 장난을 치기도 하고, 은근히 질투심을 내보임으로써 관심을 표하는 등 부부 사이에 새로운 공통의 관심이 생겼다. 이런 남편이 소중하게 느껴지자, jollymon씨는 우리 모두 '남편을 소중히 하자'는 글을 쓰기도 했다.

주부들은 평범하고 일상적인 생활에 젖어서 다람쥐가 쳇바퀴를 돌리듯이 살다가 우연히 「겨울연가」를 접하게 되었다. 그리고는 갑자기 변화하는 자신을 발견하게 되었다고 고백한다. tomokok씨는 "사람을 생각하는 마음을 일깨워 준 것에 감사합니다." (6/3/04) 라고 했고, 어떤 이는 배용준의 작품이 훌륭하고 감동적이어서 그에게 진심으로 고마움을 느낀다고도 한다.

마음 속으로 감동과 감사가 가득해진 이들은 활기차게 앞으로의 계획을 세우기도 하고, 또 하나씩 실천을 하면서 생활이 즐거워졌다. 작은 목표에서부터 큰 목표에 이르기까지, 또는 추상적인 것에서부터 구체적인 것까지 개인들마다 그 내용은 다르지만, 진지해진 자신을 발견하면서 감사함을 느끼고 있는 것이다.

5. 카이젠(kaizen, 改善)을 위하여

일본전문가 김용운은 일본의 외국문화수용의 패턴을 다음과 같이 4단계로 분석한다.

"일본의 외국문화수용 패턴은 처음은 '졌다' 라는 식으로 받아들인다. 그리고는 열심히 노력해서 상대방의 것을 소화한다. 그리고 개량에 성공하고, 다음 단계는 일본이 우수하다는 오만한 태도를 보인다."[12] 김용운은 이 같은 4단계를 요약해서 명확하게 설명한 적이 있다.

1단계 항복 또는 포기하기
2단계 열심히 따라하기 또는 흉내내기
3단계 따라잡기
4단계 무시하기

김용운의 외국문화수용의 4단계설은 일본 사회를 전체적으로 이해하는 데 유용하다. 그의 관점에서 보면, 현재 일본의 「겨울연가」 붐이 바로 한국의 대중문화수용과정에서 1단계와 2단계에 해당하는 것으로 볼 수 있다. 「겨울연가」가 일본의 드라마와는 전

---

12 金容樺, 『日本の戲劇』, 1992年, 情報センター出版局, pp.147~148.

혀 다른 차원이라는 점을 인정한 일본인들은 진심으로 배워야겠다고 생각한 것이다.

"…지금 일본 드라마에는 없는 신선하고 순수한 스토리와 마음을 감동시키는 멋진 음악과 배우들의 연기력에 매력을 느낍니다."(jykuto, 12/22/04)

"…그리고 용준 씨의 연기력, 일본의 젊은 배우들에게는 그런 연기력을 가진 사람이 없습니다…드라마의 구성도 배우의 연기도 일본 드라마보다 진지하다고 생각합니다."(harumegu55, 12/22/04)

드라마에 대한 충격은 곧 배용준이라는 배우에 대한 관심으로 이어졌다. 배용준의 연기력, 외모뿐만 아니라 인격적인 면에서도 그를 따를 만한 배우가 일본 국내에는 없다는 것이다. 배용준의 팬인 fumi씨가 일본 배우와 비교분석하는 말을 들어 보기로 하자.

"젊고, 성실하며 예의 바른 32살 가량의 일본 스타가 누가 있을까요? 기무라 다쿠야, 오다 유지 등이 있습니다. 이 친구들은 나이는 비슷하지만 행동은 어린아이 같습니다. 예를 들면, BYJ는 '이 자리에 서게 되어서 영광입니다.'라고 말한다면, 이들은 '여기 서게 되어서 지금 기분 짱입니다. 네~그렇죠?' 라는 식으

「세상의 중심에서 사랑을 외치다」
(한국어판)

로 말을 합니다. 이들은 나이가 서른이 넘었으면서도 아이들처럼 행동합니다. …
다수의 일본인들은 내면과 외관이 모두 부드럽습니다. 그런데 대부분의 한국 배우들은 외면과 내면 모두 강합니다. 그러나 BYJ는 부드럽고 신사적이며 예의바르게 말하지만, 강한 내면의 소유자입니다. 일본인들은 그의 내면의 힘과 외관상의 부드러움을 보고 그를 좋아합니다." (fumi, 11/18/04)

일본 NHK TV의 인기 있는 연말프로그램인 紅白歌合戰에 유례없이 한국의 배우와 가수들이 초대되었다. 그 자리에 누가 나올 것인가는 일본 연예계에서는 초미의 관심사가 된다. 연예인들의 인기를 가늠해 보는 의미도 있어서 방송국으로서는 초대인물을 선정하는 일에 신중을 기한다. 사정이 이러하기에 2004년도 홍백가합전에서는 예정에 없었던 한국인 가수와 배우 세 사람이 초대된 것은 하나의 사건이었다. NHK의 본래 의도는 배용준을 데려오는 것이었지만, 방송국에서는 노력을 다했음에도 불구하고 그를 홍백가합전에 나오도록 하지는 못했다. 여기에서도 일본인들이 배용준에게 '깨끗히 졌다' 라는 태도를 보였다.

일본은 1단계에서 머물지 않고, 2단계인 '열심히 따라하기' 즉 '흉내내기'로 들어갔다. 2004년 일본의 출판계에서 1위를 차지한 책이 『세상의 중심에서 사랑을 외치다』였다. 이 책의 주제가 순수한 사랑을 다룬 것이고, TV드라마와 영화로도 인기를 끌었다. 일본에서 이러한 소설이나 드라마가 유행하는 것이 「겨울연가」 현상에서 비롯된 것이라는 데 이의가 없다. 지난 2004년 7월에 후지TV에서 재일동포를 주인공으로 한 사랑이야기인 '동경만경(東京灣景)'이 제작되었다. 이러한 드라마가 나올 수 있었다는 것은 분명 이례적인 일이었다. 드라마의 제목도 한글이 부제로 달려 있었으며 한복을 입은 주인공 모습도 내세우며 선전을 하였다. 이러한 일은 일본 내에서는 얼마 전까지만 해도 상상하기 어려웠다.

과거 일본의 순정드라마의 원조라고 평가받을 만한 작품이었던 '너의 이름은(君の名は)'이 NHK 라디오 드라마로 다시 제작되어서 2005년 3월부터 방송될 예정이다. 이 드라마는 1952년 4월에 처음 제작되어서 1954년까지 약 2년 동안 인기를 얻었던 당시를 대표하던 라디오 드라마였다. 이 작품을 53년 만에 리메이크해서 방송하는 것은 역시 「겨울연가」의 영향이라고 볼 수밖에 없다. 이 드라마에 기용된 성우들은 일본어로 더빙된 「겨울연가」에서 주인공들의 목소리로 연기했던 성우들이다. 「겨울연가」 이후 일본의 대중문화계에서 일어나고 있는 이러한 일들은 「겨울연가」를 열심히 따라하려는 단계로 볼 수 있다.

「겨울연가」를 따라잡기 위해서라도 더욱 열심히 일본인들은 탐구를 계속할 것이다. 드라마와 연결된 거의 모든 분야에 주목하는 일본인들의 태도는 우리와는 다르다.「겨울연가」와 관련된 서적만 해도 수십 종류가 출판되었고, 관련 음반도 대단한 인기를 얻었으며, 한국어 학습과 한국 관광 붐이 일어나는 것도 일본인들의 '따라잡기'에 열심인 태도를 보여 주는 것이다. 일본인들은 하나를 좋아하거나 배우더라도 '다각적 · 다변적'으로 열심히 탐구한다는 것을 알게 해 준다.

개선 즉 '카이젠 (Kaizen)'을 위해서 일본인들은 3단계로 넘어갈 것이다.[13] 아마도 곧 일본은 한국의 드라마보다 더 좋은 작품을 제작해 낼 것이다. 서양으로부터 문물을 수입했을 때도 일본은 자국의 것보다 우수하다고 판단한 후 무조건 '졌다'라는 생각에서 열심히 배웠다. 그 가운데 사진기 · 시계 · 자동차 등과 같은 기계 분야의 상품은 좋은 예이다. 서양의 선진적인 산업기술로 만들어진 이 상품들이 일본에 들어왔을 때 일본인들은 최선을 다해서 선진기술을 배웠다. 그리고 얼마 지나지 않아서 일본은 사진기 · 시계 · 자동차 등과 같은 분야에서 세계적인 기술을 보유할 수 있게 되었고 마침내는 세계시장을 석권하였다. 일본인들이 외국제품

---

13 카이젠 (Kaizen, 改善)은 1970~1980년대 일본의 경제가 초고속성장을 할 때 일본식 경영의 대명사로 통용되고 있는 말로 '지속적 개선'이라는 뜻으로 경영학에서 전문용어로 쓰이고 있다.

의 유사품을 만들 때는 그 제품을 뛰어넘고자 노력하며 이런 태도가 일본상품을 국제적인 상품으로 만들어 내는 중요한 요소가 되었다.

그러나 우리는 김용운이 지적한 마지막 단계에 대해서도 주목해야 할 것 같다. 그는 일본이 근대화과정과 그리고 패전 이후의 역사적 사실을 가지고 다음과 같이 설명하였다. 서구의 문물을 받아들이는 데 열심이던 일본이 성장을 한 후에는 전쟁을 일으켜서 진주만을 공격했다는 점을 들었다. 또 패전 후의 일도 같은 패턴에서 이해할 수 있다. 미국인들은 가미가제 특공대를 동원해서 전쟁을 할 정도로 맹렬했던 일본인들이 크게 저항할 것이라고 예상하였다. 그러나 그 예상과는 반대로 일본인들은 패전을 인정한 후부터는 전쟁복구를 위해서 최선을 다하는 모습을 보여 주었다. 마침내 일본은 종전 후 다시 세계강국으로 일어서게 되었다.

Ⅲ. 일본인들이 느끼는 문화의 차이

일본에서 일어난 한류는 한국 문화를 알리는 직접적인 창구가 되고 있다. 과거 어느 때보다도 일본인들이 한국에 대해서 긍정적으로 생각하게 되었다는 점을 우리는 주목해야 한다. 「겨울연가」를 시청한 일본인들이 느끼는 한국 문화의 특성이 무엇인지를 들어 보면서 우리는 우리 자신을 발견하게 된다. 또 일본인에 대해서도 좀더 가깝게 다가갈 수 있다. 일본인들은 드라마 속에 등장하는 섬세한 부분에서 차이를 지적하는데 그것이 바로 문화적 차이에서 나오는 것들이 대부분이다. 그래서 드라마가 문화전파에 중요한 역할을 하고 있음을 실감하게 된다.

일반적으로 시청자들은 드라마의 내용·배우·배경효과 등과 같은 것만 보는 것이 아니라 때로는 의도되지 않은 장면이나 대사에서 감동받기도 하고 실망하기도 한다. 드라마를 제작하는 사람들도 신경을 쓰지 못하는 부분 즉 우리 모두가 크게 의식하지 않고 나오는 말과 행동을 외국인들은 낯설게 느끼곤 한다. 한국인들이라면 자연스럽게 받아들일 수 있는 것들이지만, 일본인들이 낯설게 느낀 것들이 있다.[14] 현재 일본인 팬들은 그 낯선 것에 대한 긍정적인 호기심을 가지고 한국 문화에 대해서 더 큰 관심을 갖기도 한다.

1. 뜨거운 가족과 차가운 가족

한국의 텔레비전 드라마에서는 가족의 모습이 유독 많이 나온다. 드라마의 주제와 크게 상관없이 주인공들의 가족 이야기가 빠지지 않는다. 두 연인이 사랑을 나누는 이야기 속에서도 양가의 부모가 두 사람의 관계에 개입을 한다. 그리고 갈등과 긴장이 시

---

[14] 드라마이기 때문에 다소 과장되는 부분도 있어서 때로는 국내 시청자들이 신랄한 비판을 한다. 이러한 것조차 한국 문화 속에서 나올 수 있는 특성이기도 하다.

작된다. 사랑하는 남녀가 갈등하다가 마침내 이별하는 중요한 이유 가운데 하나가 부모들의 반대에 부딪히게 되면서다. 「겨울연가」의 팬들은 주인공 남녀가 부모나 주위 사람들에게 순종하는 점을 높이 평가한다. kaiki씨는 '부모님의 의견을 거스르지 않는 점'이 현재 일본과의 차이라고 느꼈다고 말한다. (12/22/04)

"…이 정도까지 「겨울연가」가 폭발적으로 사람들로부터 지지를 얻은 것은 드라마속의 등장인물들의 '순수함'과 '순수한 태도' 그리고 '부모님과 주위 사람들을 공경하는 마음'이 시청자들의 가치관·감성과 놀랄 만큼 일치되었기 때문이 아닐까요!! 이 드라마를 보는 사람들 가운데에는 이러한 가치를 소중하게 여기고 실천했던 시대를 살아온 사람들이 많으니까요."
(bokemama)

나이가 든 일본인 팬들은 가족의 가치를 몹시 중요하게 여기고 있다. 그러한 가치관이 시대의 변화 속에서 밀려나 버린 느낌을 가지고 있지만, bokemama씨가 말하고 있는 것처럼 여전히 소중히 여기는 마음을 가지고 있다.

"현재 한국 젊은이들이 일본의 젊은이들과 차이가 있는 것은 항상 부모님을 생각하고 행동하는 것이라고 생각합니다…지금 일본의 젊은이들은 자기 중심적인 생각을 하는 사람들이 많다

다소 비판적인 눈을 가진 사람들은 '왜 젊은이들의 애정문제에 부모가 깊숙이 관여하는가' 하며 한국의 부모가 권위적이라고 생각한다. 자녀의 결혼 여부를 부모가 결정내리는 것은 현재 일본에서는 생각하기 어려운 일임을 알 수 있다.

드라마 제작자나 시청자 모두의 입장에서 보면 가족들이 등장함으로써 이야기가 풍성해지고, 복잡한 구도가 전개될 수 있기 때문에 남녀의 러브스토리에서도 가족이야기가 재미를 더하는 요소로 사용된다. 이러한 과정에서 드라마의 제작진들과 시청자들 사이에 서로 소통되는 암묵적인 전제가 있다. 그 전제는 바로 혈연가족의 중요성이다. 피를 나눈 가족은 모든 것에 앞서서 존재한다고 하는 공통된 인식에 기반을 두고 이야기가 전개되고, 또 그것을 흥미롭게 지켜보게 된다. 차이가 있다면, 일반시청자들은 가족의 중요성을 관습적으로 받아들이고 있고, 드라마 작가들은 현실로부터 소재를 발굴해서 흥미를 끌 만한 것으로 포장해서 상업화시킨다는 것이 다를 뿐이다. 혈연가족의 중요성이 강조되는 것이 바로 한국 문화의 한 특성이기 때문이다.

혈연으로 뭉쳐진 가족들은 사랑을 확인하는 방법으로 적극적인 관심을 가지고 서로의 일에 개입한다. 가족들끼리 조심스럽게 대하는 것은 익숙지 않다. 한국인들은 진정으로 사랑한다면 서로의 일에 적극적으로 관심을 가져야 한다고 생각한다. 이같은 가족관이 드라마에서는 더욱 과장되어서 표현되고 있다.

지나친 일반화는 위험한 점도 있지만, 두 문화를 비교할 때 각각의 문화적 특성이 명료하게 드러내는 장점도 있다. 그래서 한국과 일본의 문화를 비교할 때 거친 일반화를 시켜 보는 것도 좋을 듯하다. 한국의 드라마에서 어떤 점이 일본과 다르냐는 질문에 ogako1104씨는 '뜨거운 가족애'라고 하면서 예를 들었다. 자식의 결혼 여부도 부모의 반대가 절대적이라는 사실이 일본과의 차이라고 한다.

또 다른 응답자들은 가족 사이의 정을 나누는 모습이 특이하게 느껴졌다고 답하였다. 일본인들은 한국의 자녀들이 부모와 의견 충돌이 생기면 괴로워하면서도 심각하게 생각하고 받아들인다는 점을 부러워한 것 같다. 중년이 된 시청자들은 부모의 입장에서 드라마를 보기도 한다. 일본의 부모로서는 성년이 된 자녀들이 자신들의 곁을 떠나면서 거리가 생기고 대화도 단절되는 현실을 받아들이고 있었는데, 한국의 경우는 성년이 된 자녀들도 부모의 말을 잘 듣는다는 사실에 놀란다. mitta씨도 그랬다.

"부모 자식 간의 관계가 (한국과 일본이) 조금 다르다고 생각했습니다. 한국 드라마 전반에 대해 말할 수 있는지 모르겠지만, 부모님을 존경하고, 부모님의 의견에 순순히 따르는 것은, 현대 일본 사회가 잃어버린 것이라고 생각합니다."

한국의 가족을 뜨거운 가족이라고 표현한다면, 일본의 가족은 다소 차가워진 가족이라고 할 수 있을지도 모르겠다. 일본에서는 가족이라고 하더라도 서로의 일에 지나친 개입을 자제하고 있고, 자식들은 부모의 입장을 배려하고, 또 부모 역시 자식의 입장을 생각해야 하기 때문에 한국의 가족들끼리 나누는 뜨거운 정은 찾아보기 힘들게 되었다. 한국인들의 이 뜨거운 가족관계는 가족주의와도 직접 연결이 된다. 한국인들에게 가족은 개인과 국가보다도 위에 존재해야 한다고 본다. 혈연에 바탕을 둔 가족의 이해관계가 가장 앞서야 하는 가치관에 익숙하다. 반면에 일본의 경우는 가족 위에 국가와 회사 같은 목적사회가 존재하게 된다. 두 나라는 동아시아 유교문화권 안에 속하면서도 전통시대부터 각기 독특한 가족제도를 발전시켜 왔다.

현대를 사는 한국인들이 여전히 가족관계를 중시하는 것을 보고 감동한 일본인들은 자신들도 과거로 되돌아가서 잃어버린 가족애를 되찾고 싶어한다. 배용준이 자신의 팬을 '가족'이라고 부르자 팬들은 이에 감동하였으며, 팬들 상호간에도 가족이라는 말을 사용하고 있다.

2. 좁은 공간과 넓은 공간

일본인들은 한국 사람들이 친한 사람들 사이에 신체적인 접촉

춘천 준상이네 집

을 자주 그리고 스스럼없이 한다는 것을 알게 되었다. 그것을 이
상하다고 보기도 하고 또 다소 부럽다고 보기도 한다. 특히 성인
이 된 자녀들이 부모 곁에 눕거나 신체적으로 가까이 접촉을 할
때 그러한 방식으로 가족들이 정을 나누는 것임을 알게 되었다고
말한다. 앞 장에서는 일본인들이 한국의 가족들 사이에 깊은 정신
적 개입에서 차이를 느꼈다면, 여기에서는 가족끼리의 신체적인
접촉에서도 차이를 느끼고 있음을 알 수 있다.

"일본에서는 (좁게는 제 주위에서) 부모자식, 형제자매, 친구들
을 껴안거나 손을 잡거나 하지는 않습니다. (한국의 드라마에
서) 서로 안거나 하는 것을 보면 다소 이상하게 생각이 됩니
다."(nonnt, 6/18/04)

"가족이든 친구든 그 관계를 표현하는 정이 매우 깊다고 느꼈
습니다. 더욱이 그 진한 애정이 스킨십으로 표현되고 있다고
생각합니다. 예를 들어, 손을 잡거나, 어깨를 감싸거나, 성인이
된 부자 사이라도 함께 잔다거나, (「겨울연가」에서) 어머니가
주무시고 있는 침대 속으로 유진이가 들어가는 장면과 … (유
진이와 진숙이 처럼) 친한 친구들이 같은 침대에서 잔다거나
하는 것은 일본에서는 볼 수 없는 장면입니다." (pikaso)

일본인들이 느끼는 이러한 위화감은 각 문화마다 개인들이 규

정하는 사적 공간의 범위가 다르기 때문이다. 한국인과 일본인들 사이에도 사적 공간의 범위가 다르다. 한국인들이 규정하는 사적 공간은 매우 좁은 반면에 일본인들은 보다 넓게 범위를 정하고 있다. 그래서 어느 일본인은 한국인과 보도를 걷다 보면 자꾸 다가오는 그 한국 친구 때문에 차도로 떨어져 버리는 자신을 발견한다고 유머 있게 차이를 설명한다. 한국인들은 낯선 사람들과도 가까이 다가가서 말하고, 친한 사람들 사이에는 아예 거리규정도 무시된다. 한국 드라마 속에서도 마찬가지다. pikaso씨가 보기에는 이상하리만큼 부자 · 모녀 · 형제자매 · 그리고 친구들이 스킨십을 자연스럽게 표현한다. 특히 성년이 된 자녀들이 부모와 같이 잔다든가, 손을 잡고 다닌다든가, 친구들끼리 정을 나누는 표현으로 신체적 접촉을 하는 것이 처음에는 이상하게 보였다고 말한다. 그러나 그것이 문화의 차이라는 것을 알게 된 이들은 나름대로 문화의 차이를 이해하게 된다.

드라마에서 나오는 장면이 현실을 그대로 반영하는 것은 물론 아니다. 그러나 일반적으로 한국인들은 가까운 사람들과는 자주 신체적인 접촉을 하면서 사이를 돈독하게 만든다. 친구들끼리 스스럼없이 툭툭 치거나 여성들은 팔짱을 끼고 다니는 등 밀착된 채 거리를 걷는다. 이러한 행동은 친한 사이라는 상징적 몸짓이기도 하다.

한국의 결혼식을 지켜 본 일본인은 신랑이 신부를 업는 장면을 주변사람들이 강제로 시키는 것을 보고 매우 흥미로웠다고 말한다. 그는 어린아이들을 업을 때 사용하는 '어부바'라는 단어를 사용하면서 신기한 장면을 다음과 같이 설명한다.

"한국 드라마를 보며 언제나 생각하는 것이지만, [어부바]를 하고 또 하려고 하는 장면이 많다고 생각됩니다. 일본에서는 전혀 볼 수 없습니다. 만약 실제 길거리에서 남자가 성인 여자를 [어부바] 한다고 한다면 크게 놀랄 일이지요. 일본 드라마에서도 [어부바]를 하는 또는 하려는 장면은 전혀 없습니다. 한국에 갔을 때도 실제로 [어부바] 하는 사람들은 볼 수 없었습니다. [어부바]는 드라마 세계에서만의 일일까요? 이것도 분명 애정 표현이겠죠. (nikita, 5/27/04)

필자가 다니는 대학 교정 안에서도 친구들이 여럿이 모였을 때 남학생이 여학생을 업으면서 장난치는 모습을 가끔 볼 수 있다. 물론 자주 일어나는 일은 아니지만, 외국인들은 한국의 성인남녀가 업고 업히는 모습을 흥미롭게 보게 된다. 어릴 때부터 몸장난 혹은 몸으로 감정을 표현하는 것이 비교적 자유로운 한국인들은 성년이 되어서도 그 습관이 남는다. 한국의 어린아이들이 일본의 어린아이들에 비해서는 신체적인 절제를 덜 받으면서 자라는 경향이 있다. 그러다 보니 한국에서는 희로애락의 감정을 비교적 자연스럽게 몸으로도 표출시킨다. 드라마 속에서도 이러한 몸짓이 그대로 표현되기 때문에 한국인들의 행동을 지켜본 일본인들은

스스로 스킨십이 결여되어 있
다고 생각한다.

스킨십의 차이를 인식한 일
본인 시청자들은 호칭의 차이
를 지적하기도 한다. 한국에서
는 친한 사이가 되면 친족용어
를 사용하여서 서로를 부른다
는 점이 일본과는 차이가 있다
는 것을 말하고 있다. 원래 언
니, 누나, 형, 오빠라는 한국어

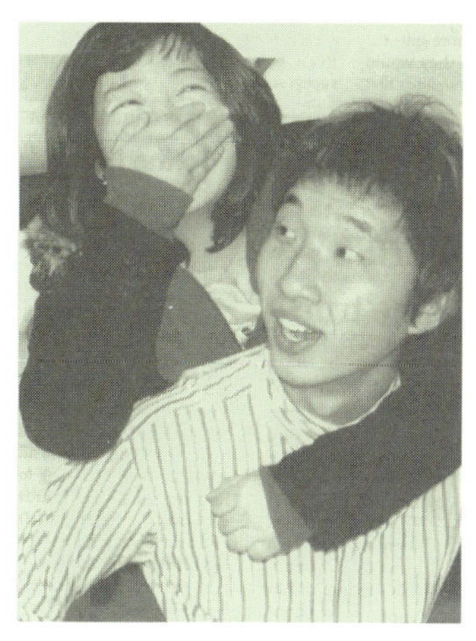

'어부바' 가 자연스러운 한국의 젊은이들

는 형제자매를 부를 때 사용하는 것인데, 이 호칭이 혈연관계가
아닌 사람들을 부를 때도 사용하는 것이 재미있다고 생각한다.

일본인들은 한국 드라마를 예사롭게 보지 않는다. 우리들이 무
심히 지나치거나 당연하게 여기는 것을 이들은 외국인이기 때문

에 새롭게 본다. 이들의 지적을 통해서 오히려 우리들은 한국 문화의 특성을 새삼 깨닫게 된다.

3. 많이 표현하기와 조금만 표현하기

정이 많은 한국인들은 가족이나 친한 사이에 정신적으로 깊숙이 개입하며 신체적으로도 자연스럽게 접촉한다는 점을 일본인들이 문화적 차이로 발견하였다. 이번에는 두 나라 사람들의 화법의 차이를 비교한 bokemama씨와 kikasa411씨의 말을 들어 보기로 한다.

"[드라마가 순수한] 부분도 있지만, 말투가 직설적이어서 마음에 와 닿습니다. 일본에서는 감정 표현이 서툴기 때문이지요…"
(bokemama, 12/22/04)

"일본에서는 부끄러워하는 것이 많고 겸손해 하거나 사양하거나 합니다. 생각하는 것을 좀처럼 입에 담지 않아요. 이처럼 한국 드라마에서는 표현을 할 때 확실히 말하고 있기 때문에 매력이 있는 것 같아요." (kikasa4112)

두 사람 모두 한국 사람들이 직설적으로 표현하는 말이 가슴에

와 닿는다고 한다. ottokk씨는 두 나라 드라마 속에 보이는 표현법의 차이를 재미있게 대비시켰다. 일본 남녀들의 애정표현은 '조금만 표현하기'이고, 한국의 경우는 '많이 표현하기'라고 한다. 이 차이는 드라마에서 혹은 대중문화 전반에서 사랑의 미학을 다루는 차이일 수도 있고 또는 사람들 사이에 커뮤니케이션 방법의 차이라고도 볼 수 있다. 일본의 드라마에서는 남녀가 좋아하는 감정을 가지고 있을 때 표정을 거의 바꾸지 않고, 아무렇지도 않게 살며시 작은 행동을 보인다든가, 눈길로만 표현함으로써 사랑하고 있다는 것을 표현한다. 반면에 한국의 드라마 속에서 나오는 표현은 매우 직접적이어서 일본인 시청자들이 문화충격을 받았다고 한다.

"일본 남녀의 애정표현은 '조금만 표현하기'라고 생각합니다. 표정을 거의 바꾸지 않고, 아무렇지도 않게 예를 들면, 도로를 나란히 걷고 있을 때 남성이 차로에 붙어 주는 것이라든지, 상대방의 일을 걱정하고 있는 상황을 시선만으로 표현한다든지 하는 것입니다. 그런 조그마한 변화를 보고 시청자는 드라마에 푹 빠지게 됩니다. 한국 드라마는 애정표현이 단도직입적으로 '많이 표현하기'라고 말할 수 있겠죠. 차 문을 열어 주고, 전화도 자주 하고, 추울 때는 윗옷을 벗어 주는 등 짧깐 동안에도 그런 장면이 많이 나와서, 일본 여성은 문화충격을 받고, 한국 드라마에 빠지는 것이 아닐까 하고 생각합니다."

(ottokk, 5/27/04)

일본과 한국의 멜로드라마에서 이러한 차이가 사랑의 미학을 다루는 방법의 차이인지 일반적인 커뮤니케이션 방법의 차이인지를 구별하는 것은 그렇게 중요해 보이지 않는다. 다만 분명한 것은 현실세계에서도 두 나라 사람들의 차이가 있다고 느껴진다.

한국 드라마를 보고 궁금해진 rinka씨는 한국 남자를 사귀고 있는 친구에게 물어보니까 실제로도 한국 애인이 사랑의 표현을 '단도직입적' 으로 말한다고 즐거워하는 것을 알았다. 일본인들은 속마음을 쉽게 겉으로 표현하지 않는 것을 좋게 여긴다. 일본인들이 절제된 표현을 선호하는 것은 아마도 타인을 소중히 하는 마음에서 나오는 것이라고 보인다. 다른 사람을 배려하는 마음에서 또는 자기보다는 먼저 다른 사람의 입장을 생각하는 차원에서 자신의 감정을 드러내는 것은 유아적이거나 이기적이라고 믿고 있다. 이러한 이타적인 생각과 행동이 직설적인 표현보다는 완곡한 표현을 만들었다고 생각한다.

한국인들이 일본인을 오해하는 경우 오해의 원인이 완곡한 표현법에서 비롯되기도 한다. '생각해 보겠습니다' 라는 표현이 한국인들에게는 긍정적인 표현으로 들리는데, 일본에서는 그렇지 않다. 상대방 면전에서 거절하는 것을 꺼리는 일본인들이 만든 완곡한 표현이라고 볼수 있다.[15]

일상생활이나 사업, 그리고 외교관계에서 이러한 완곡한 표현은 직설법보다 원만한 관계를 이끌어 낼 수 있다. 그러나 연인들 사이에서도 서로의 감정을 완곡 화법으로 표현한다면 애정을 확인하기도 쉽지 않고 때로는 피곤해진다. 사랑의 감정을 원초적으로 표현하기를 바라는 것은 모든 연인들의 속마음이 아닐까. 이러

---

15 일례를 들면, 미국과 일본이 무역 불균형으로 시정을 위한 회담을 했을 때의 일이다. 사토 수상의 '선처하겠다' 라는 말을 미국측에서는 긍정적인 말로 받아들여서 일본이 곧 조치를 취할 것으로 예상했다. 그러나 일본측에서는 완곡하게 거절을 내포한 표현이었을 뿐이었다. 두 나라 사이에 오해가 생겨서 국제간의 외교문제로까지 간 사건이었다.

한 속마음을 한국 드라마에서는 그대로 표현하기에 일본인 시청자들은 그 솔직한 표현법에 매력을 느끼는 것이다.

한국인들은 실제로도 직접적인 표현을 잘 사용한다. 자신을 쉽사리 드러낸다고도 할 수 있고, 남을 위한 배려심이 적다고도 할 수 있다. 직설적인 말투와 행동이 사회생활을 할 때는 긴장과 갈등을 야기하는 경우가 많다. 그러나 사랑하는 남녀 사이에는 멋지고도 솔직한 표현법임에는 틀림없다. 절제에 익숙해 있던 일본인들이 보기에는 서툴러 보이기는 하지만 색다른 감동을 불러일으켰고, 그래서 한국 드라마 속에 등장하는 연인들의 언어를 재미있게 듣게 되었다.

Ⅳ. 일본인들이 본
한국 드라마의 매력

「**겨울연가**」는 2003년 4월부터 2004년 12월 말까지 모두 네 차례에 걸쳐서 방영될 정도로 일본인들 사이에 인기가 대단했다. 주시청자들이 30대 이상의 여성들이며 특히 가정주부들이 많았다는 점이 우리의 관심을 끌었다. 왜 「겨울연가」가 일본의 중·장년 여성들에게 인기가 있는지를 알아보기 위해서 2004년 5월과 6월 그리고 12월에 필자와 학생들이 여러 차례에 걸쳐서 홈페이지 게시판에 질문을 올렸다. 「겨울연가」가 왜 좋았는지, 어떤 내용이나 장면 그리고 대사가 인상에 남았는지, 일본 드라마와 다른 점은 어떤 것인지 등을 물었다. 일본인 팬들은 대부분 성의껏 답을 해 주었으며, 여기에서는 이들이 직접 쓴 글을 인용해서「겨울연가」의 매력을 알아보기로 한다.

1. 사라진 것에 대한 동경

green06씨는 14세와 16세 두 자녀를 둔 주부이다.「겨울연가」를 보면서 어떤 점이 가장 좋았느냐는 필자의 질문에 대한 그의 답은 성실하면서 본인의 느낌과 생각을 잘 전해 주었다. 그녀는 가정주부로서 살다 보니 연애감정을 잃어버리고 있었는데, 드라마를 보면서 새삼 자신의 옛날 일들이 생각났다고 한다. 현실에서 다시 연애를 할 수 있는 입장이 아닌 그녀는 드라마를 보면서 옛날로 돌아가 첫사랑의 감미로움을 다시 느낄 수 있었고 그것은 그녀에게는 새삼스럽기는 하지만 소중한 경험이었다.

"「겨울연가」에 매료된 사람은 주부많이 아니라고 생각하고 있습니다. … 나이로 봐서 연애할 시기는 좀 지났거나, 육아에 쫓겨 연애감정이라는 것에서부터 멀어진 상태거나, 아니면 아이 키우기도 일단락되어 시간적, 경제적으로 여유가 생긴 사람들이 현실에서 연애를 하는 것은 금지되어 있는 상황 속에서 아름답고 맑고 순수한 스토리와 주인공에 끌렸다고 생각합니다.

자신의 옛날 연애경험을 겹쳐서 보거나 또는 비교해 보는 것이 가능한 스토리라고 생각해요. 첫사랑이 테마인 것도 크게 마음을 움직일 만한 요소라고 생각합니다. 누구에게나 첫사랑은 값 머웁고 언제까지나 소중히 마음에 남기고 싶은 순수한 것이지요." (green06, 12/22/04)

대부분의 주부들은 green06씨와 비슷하게 생각하고 있었다. 이들은 드라마를 보면서 자신들의 내면에서 조금씩 사라져 가고 있던 순수한 사랑에 대한 그리움이 되살아났다. 그래서 「겨울연가」를 순수함·아름다움·맑음과 같은 단어를 사용하면서 이미지화한다. 「겨울연가」를 보면서 자신들 속에 잠재되어 있던 것을 꺼낼 수 있었고, 그런 자신들에게 놀라워하기도 한다. 멀지 않은 과거에 자신들도 드라마 속의 주인공들처럼 그렇게 순수하고·맑고·아름다웠을 것이고, 그것들이 손에 잡힐 듯 다가왔다. 이들은 「겨울연가」를 단순한 멜로물이라고 보지 않고 그 이상의 순수함을 추구하는 드라마라고 본다. 자신들에게는 사라져 가고 있는 것을 그리워하는 일본인들의 정서에 꼭 들어맞는 드라마를 발견한 것이다.

무심코 본 한국의 드라마가 자신들이 남모르게 찾고 있었던 것이어서 놀랐다. 더구나 가정일로 무디어져 가던 주부들의 감성이 되살아나는 것을 느꼈다.

"지금까지 가사일과 육아에 쫓겨 꿈을 꿀 시간도 자신만의 시간도 가질 수 없었던 주부가, 시간과 마음에 여유가 생겼을 때, 「겨울연가」를 만나서 가슴 속 깊은 곳에서 잠자고 있던 것이 눈을 떴을지도 모르죠. 그러니까 중년여성이 많다고 생각합니다." (ihnem)

지금까지 일상생활에 묻혀서 그러한 소중한 감정을 잊고 있었음을 부끄러워한다. 삭막해진 개인들, 가정 그리고 사회 전체를 반성하는 사람들이 많아지게 되었다. 「겨울연가」를 보면 볼수록 자신의 인간적인 면이 다시 회복되는 듯한 느낌을 받는다는 한 시청자는 몇 번을 보아도 질리지 않는다고 한다.

"「겨울연가」가 인기 있는 이유는, 일본인이 잊어버리고 있는 소중한 것(가족, 친구들, 그 밖의 여러 가지)을 생각나게 하고 다시 생각할 수 있게 하는 드라마이기 때문이 아닐까요? 그런 것을 포함해서 사람들끼리 유대관계를 다시 갖고 싶다는 희망이 생기기 때문일 거예요. 그렇게 되지 않으면 안 되고요."
(59682)

「겨울연가」를 보면서 일본 시청자들은 현재 일본인들이 스스로 외롭다는 것을 실감한다고 고백한다. 드라마 속에서 보이는 한국 가족의 모습이 매우 따뜻해 보여서 부럽다고 한다. 그러면서 많은 사람들은 일본도 옛날에는 가족애가 넘치는 적이 있었음을 기억한다. 일본인 시청자들의 이야기를 들으면 그런 날로 돌아갈 수는 없는 것일까 하는 아쉬운 마음을 읽어 볼 수 있다.

2. 가족의 소중함

한국 드라마는 분명 특별난 점이 있다. 젊은 남녀의 연애 이야기가 주제이면서도 그 속에 부모·형제·친구 등과 같은 가까운 사람들이 많이 등장한다는 점이다. 「겨울연가」에서도 마찬가지이다. 두 사람의 사랑이야기가 주요 스토리지만, 이들을 둘러싼 가족과 친구의 이야기도 빠뜨릴 수 없이 중요하다. 가족을 등장시킴으로써 가족의 소중함을 일깨워 주고 있기에 일본인 시청자들은 이 점을 높이 평가한다. 「겨울연가」의 팬임을 자랑스러워하는 0128씨의 말을 빌려 보기로 하자.

"일본이 경제적으로 고도성장하면서 완전히 잊어버린 가족에 대한 생각 등이 역시 소중한 것이라고 일깨워 주었지요. 정말 마음을 정화할 수 있었던 드라마였습니다."(0128, 6/03/04)

tomokok씨는 「겨울연가」의 매력을 '사람을 생각하도록 하는 드라마'라고 표현하고 있다. 일본이 빠르게 도시화·산업화하면서 과거 가족 중심의 사회로부터 개인이나 회사 중심의 사회로 옮아갔다. 한국도 같은 단계를 밟았지만, 드라마 속에 보이는 한국 사회는 여전히 가족의 소중함을 다루고 있었고 그 사실이 일본 주부들의 마음을 흔들었다. 한국이 부모를 공경하는 사회라고 인식하자 과거에 일본이 갖고 있었던 본래의 모습을 얼마나 잃었는지를 이들은 자각하게 되었다.

"현재 일본은 여유가 없습니다. …인간관계가 허의적이고 마음이 흡족하지 않다고 생각해요. 부모 자식 간에도 부부 사이에서도 대화가 단절되었어요. 「겨울연가」의 세계는 다릅니다. 윗사람을 공경하고, 부모님을 소중히 하고, 고통스러워하면서도 상대방을 생각하는 깊은 애정과 강한 유대가 있습니다. 옛날부터 계속 잊어버리고 있던 소중한 것을 깨우쳐 준 것이 「겨울연가」라고 생각합니다." (hapotarou)

도쿄 출신의 40대라고 밝힌 mitta씨는 초등학생인 딸과 조카도 이 드라마를 열심히 보고 있다고 하면서 가족이 함께 볼 수 있는 것이 좋다고 하였다. 일본 일각에서 보는 것처럼 중년여성들만의 현상은 아니라고 역설하였다.

한국의 젊은이들이 비록 드라마 속에서 보이는 것이지만, 부모의 의견을 존중하고 있고, 부모의 말을 따르는 것을 보고 일본 사회와 크게 다르다고 느끼고 있다. 가족간의 끈끈한 사랑이 묻어나는 한국 드라마를 보면서 일본인 시청자들이 문화충격을 느꼈음을 알 수 있다. 부모들이 자식들의 애정문제에 깊숙이 개입하고, 또 젊은 이들은 그것을 이상하다고 반응하는 것이 아니라 당연하다고 받아들이는 태도가 문화의 차이로 느껴졌다. 일본의 경우라면 드라마 속에서 젊은 남녀의 사랑문제를 다룰 때 부모들을 등장시키지는 않는다. 부모가 자식들의 연애에 끼어들 수 있다는 스토리의 전개는 매우 진부한 것으로 비칠 수 있기 때문이다. 이러한 오늘날 일본인들의 생각과는 달리 한국인들은 아직도 연애를 할 때 부모의 의견이 개입되고 때로는 갈등하는 현상을 보여 주고 있다는 점이 신기하기도 하고 재미있게 느껴졌던 것이다. 일본에서는 오래 전에 있었을 법한 가족들 사이의 애증이 한국에서는 여전히 중요하게 작용한다는 점에서 한국 문화에 호감을 갖게 된 것이다.

3. 영상 · 음악 · 대사의 효과

드라마, 영화를 보는 가장 큰 이유는 환타지를 즐기기 위함이다. 동영상물들은 시각과 청각적 효과를 총동원하면서 시청자들을 상상 속으로 끌어들일 수 있는 이점이 있다. 이때 사용되는 예술적 기교나 기술이 최근 드라마나 영화에서는 점점 보다 중요한 위치를 차지하고 있다. 과거에는 영상물이라고 하더라도 스토리

「겨울연가」 주제가를 부른 류
(음반표지)

텔링이 중요하였다. 그러나 최근에는 스토리텔링만 가지고 시청자들에게 다가갈 수 없다. 멀티미디어 기술의 발달은 각종 영상과 음향의 효과를 이용하여서 드라마의 환타지적 요소를 극대화시키고 있다. 이러한 현대기술의 발달이 영상예술세계에 다가감으로써 드라마나 영화의 방향도 많이 달라지고 있다. 한국의 드라마제작자들은 이러한 변화의 조짐을 빨리 간파하여서 스토리 위주의 드라마보다는 아름다운 영상과 그 영상을 극적으로 표현할 수 있는 음악을 과감하게 채용하고 있다. 「겨울연가」에서도 이러한 방향이 두드러지게 나타난다.

「겨울연가」의 팬인 jyakute씨는 「겨울연가」에서 보여 주는 아름다운 영상과 음악의 효과에 대해서 2004년 12월 22일에 올린 글에서 다음과 같이 말하고 있다.

"「겨울연가」는 흐르는 음악과 함께 투영되는 멋진 배경과 순수한 스토리가 일과 육아에 쫓기는 주부들의 마음을 흔들어 놓은 것은 아닐까요?" (jyakute)

영상과 음악에 매료되어서 「겨울연가」가 더욱 좋아지게 되었다는 이들은 상대적으로 나이가 젊은 30대 여성들이었다. jyakute 씨도 물론 30대 주부이다. 「겨울연가」에서 인상에 남는 장면은 어떤 것들인가를 묻는 질문에 대해서 이들은 구체적인 장면을 열거했다. 이들이 영상과 음악의 효과를 얼마나 중요하게 생각하는지를 실감할 수 있다. 드라마를 보면서 강한 인상을 받은 영상이나 음악 그리고 몇 마디의 대사가 드라마 전체의 이미지로 남게 된다는 사실을 알 수 있다.

"정말 모든 게 다 좋지만, 역시 두 사람이 행복한 장면을 좋아합니다. 특히 좋아하는 것은 교회에서 프로포즈하는 장면과 두 사람이 스키장에서 눈과 구르는 신(scene)입니다. 진짜 연인처럼 보여서 드라마라고는 생각되지 않아요." (tomo1011)

"용준 씨와 최지우 씨의 마음의 연기가 그것을 본 사람들에게 전해졌기 때문이라고 생각합니다. 그리고 그 연기를 고조시키는 데 불가결 요소인 음악. 두 사람을 화면 속에 그려 주는 풍경. 그 세 가지가 보다 우리들의 마음속으로 들어온 것이라고 생각해요. 제가 제일 좋아하는 장면은 18화의 해변에서, 하늘을 올려다보면서 두 사람이 함께 있는 모습입니다." (Nishinn)

영상과 음악 이외에 일본인 시청자들은 한국어 화법의 문화적 차이가 인상적이었다고 말하는 이들도 많았다. 일본 사람들은 드라마에서 사랑의 표현을 절제하는 반면에 한국의 경우는 솔직하게 표현하고 있다는 점이 감동을 준 것이다. 언어표현의 차이에서도 한국 문화의 긍정적인 측면을 발견하고 있다. 일본인들에게는 결여된 직설적인 표현법 가운데에서 응답자들이 지적한 몇 가지를 소개해 보면서 두 문화의 차이를 알아보는 것도 흥미롭다.

"…「겨울연가」는 두 명의 신인 여성이 썼기 때문에 여성의 심리를 세밀히 묘사하고 있어서 많은 여성의 마음을 사로잡았다고 봅니다.… 눈발처럼 흩날리는 낙엽, 폴라리스. 처음이라는 테이프…이런 것에 끌리지 않는 여성은 없을 겁니다. '유진 씨가 아니라면 계약하지 않겠습니다', '당신이라면 어떤 것이든지 잘 어울려요'라는 대사와 살며시 어깨에 걸쳐 준 코트 그리고 머플러. 때로는 강렬하게 '나하고 관계 있어요. 당신을 사랑하고 있으니까'라는 대사는 마음을 사로잡습니다. 유진의 마음을 우선적으로 생각하고, 어떤 난관에도 도와주는 등 깊은 애정이 드라마 전편에 흐르고 있지요"(mario55, 6/22/04))

"… 교회에서 준상이에게 프로포즈하는 장면은 신선했습니다. '사랑하는 가족의 따뜻한 손과 빛이 되어…' 이런 표현은 일본에서 들은 적이 없습니다. 굉장히 간결하고 곧 바로 마음에 와 닿는 대사입니다."(seikoi)

일본인 시청자들도 한국의 드라마가 추구하고 있는 영상, 음악, 대사를 통한 감성자극에 매력을 느끼고 있다. 아름다운 풍경과 맑은 마음을 전달하는 대사, 그리고 감미로운 음악이 여성들의 마음을 자극한다고 한다. 예술성을 절제의 미에서 찾던 일본인들은 직설적인 표현을 많이 사용하여 시청자들의 감성을 자극하는 한국 드라마에 놀란 것이다. m77hiko씨도 「겨울연가」의 그러한 표현법을 사랑하는 사람이다.

"…제 몸에 과거에 일어났던 일, 일어나지 않았던 것들이 주인공들과 겹쳐지면서 지금까지를 되돌아보거나 또 미래를 생각하고 있습니다. 유진과 준상에게 일어났던 일은 내가 체험했던 것 같은 기분이 들고, 인생이 풍부해졌다고 생각합니다. 지각한 준상과 유진이 학교 담장을 넘을 때 유진이의 구두를 신겨주는 장면, 준상이가 유진이를 내려주려고 양 손을 뻗었던 장면을 보며 나도 저런 고교시절을 보냈으면 좋았을 걸하고 부러워했습니다. 그리고 드라마를 통해 나도 준상의 등을 빌려서 어느덧 담장을 넘고 있었습니다."(m77hiko)

나이가 든 일본의 여성들은 이처럼 동화적인 사랑을 표현하는 장면과 대사 그리고 그 배경에 흐르는 음악을 통해서 과거로의 여행을 즐긴다. 이국적인 풍경이지만 오히려 친근함을 가지고 자신들의 과거를 회상하면서 이들은 잠시 설렘의 순간을 가져 본다.

그리고는 어느덧 한 마리의 나비가 되어서 환상의 나라로 훨훨 날아다니는 자신을 발견한다.

4. 주인공에 대한 환타지

일본의 시청자들이 「겨울연가」를 즐겨 보는 이유 가운데 하나가 바로 남자 주인공으로 등장하는 배우 배용준 때문이다. 일반적으로 훌륭한 배우들이 가지고 있는 자질로서는 연기력, 용모를 꼽고 있는데 그의 일본인 팬들은 특이하게도 인격적인 측면을 중요하게 여기고 있다. 팬들도 스스로 인정하는 바와 같이 실제의 배용준이 드라마 속의 인물과 매우 닮았다고 느끼면서 그에게 빠지게 되었다고 말한다. 팬들이 보는 배용준의 매력은 지적이고 부드러운 외모와 음성, 삶에 임하는 태도를 든다.(230, 11/12/04) 또 그는 자신의 팬들을 가족이라고 부르며 홈페이지에 직접 글을 써서 팬들과 대화를 하기도 한다.(gebalice, 11/18/04) 그가 드라마 속의 민영처럼 상냥하고, 정중하며, 자상하다는 것을 실제로 확인하게 된 일본인 팬들은 그를 더욱 좋아하게 되었다고 말하고 있다. 일본인들이 가지고 있는 젊은 남성 배우에 대한 고정관념이 깨지면서 신선한 이미지의 이국적인 배용준을 우상화하게 된 것이다. 한 배우의 외모나 연기에서 나오는 매력보다 인격적인 측면을 더욱 강조하는 일본인 팬들의 특성이 더욱 흥미롭다고 하겠다.

그가 일본에서 일어난 지진이나 남아시아의 해일 등 피해지역 사람들을 위해서 많은 돈을 선뜻 기탁하는 등 사회사업에도 적극적이라는 점 또한 그의 인기를 증폭시키는 요소로 작용하였다. 2004년 12월 말 남아시아를 강타한 쓰나미의 피해자를 돕는 데 월드비전에 3억 원을 내놓았다는 소식이 알려지자 팬들의 기부행렬이 이어졌다. 일본인 팬들이 쓰나미 피해자들을 돕는 데 힘을 모은 것은 배용준의 공로였다고 월드비전 측에서도 치하를 하였다. 배우와 팬의 관계로 만나서는 양측이 힘을 합해서 국내외에 재해발생 지역에 기부금을 내는 것은 매우 이례적인 일이다.

최근 발렌타인데이에서도 일본인 팬 1,450여 명은 3,100만 원을 모금해서 이수현켄쇼장학회에 기부하였다.[16] 발렌타인데이를 맞아서 배용준이 "저에게 초콜릿을 선물하는 대신에 그 돈으로 어려운 이웃들을 도와주었으면 좋겠다"고 말하자 팬들은 자발적으로 모금행사를 벌렸던 것이다. 혹자는 말하기를 자선기금 모금에 인색한 일본인들에게 적은 돈이지만 힘을 합해서 좋은 일을 할 수 있다는 정신이 이러한 기회를 통해서 자리를 잡아가고 있다고

---

16 일본 지하철역에서 취객을 구하려다 숨진 이수현을 기리기 위해서 만든 장학회이다.

평하기도 하였다.[17] 또 자신의 사진 전시회의 수익금을 불우이웃
돕기와 공익재단을 설립하겠다는 계획이 신문에 보도되자 그의
팬들은 '그러면 그렇지' 하는 반응을 보이며 기뻐하였다. 배우와
팬이 서로 선행에 앞장서서 모범을 보이므로 단순한 팬클럽 이상
의 사회봉사기관으로서의 역할도 하는 것이다.[18]

(sunkaimn, 12/18/04)

한국에서는 배용준이 다른 한류 스타들과는 달리 '신비주의적
전략' 을 세워서 효과를 얻고 있다고 평하기도 한다. 그렇지만, 일
본인 팬들은 공개석상에 자주 등장하지 않는 그의 신중한 태도를
높이 사고 있다. 팬들은 배용준을 좀더 자주 보려고 해도 그가 나
오는 영화나 텔레비전 드라마가 그다지 많지 않기 때문에 데뷔 초

---

17 〈대단하다 용사마 일본기부문화 바꿔〉라는 제목으로 난 기사 참고. 동아일
　　보 2005년 1월 13일자; 그 외에도 스포츠조선 2005년 1월 5일, 스포츠 서울
　　2005년 1월 6일 참고..
18 일본 5대도시에서 열리는 사진전의 예상 수익금 20여억 원 정도라고 함. (경
　　향신문 2004년 12월 15일자)

기의 작품들조차 일본인 팬들에게는 인기가 있다. 이러한 희소가 치가 오히려 그의 인기요인으로 작용한다. 한꺼번에 많은 작품을 하는 대신에 마음에 드는 것을 선택하다 보니 남보다 한 박자 천천히 갈 수밖에 없다고 그는 어느 신문사와의 인터뷰 자리에서 말하였다. 바로 이러한 점이 그가 다른 한류스타와 다른 점이라는 팬들의 이야기를 들어 보기로 하자.

"… 항상 무엇을 하더라도 발전을 모색하며, 좀 돌아가는 어려운 길이더라도 그것을 통해서 더 배울 것이 많다면 그 길을 택하는 사람입니다. … 용준님은 느림의 미학을 아는 사람입니다. 한 박자 천천히 보다 신중하게 모든 일을 진행합니다. …"
(byj229, 11/18/04)

드라마나 광고를 찍을 때 피아노를 치는 장면이나 스케이트를 타는 장면에서 실제로 본인의 노력으로 그것을 다 해낸다는 사실을 알아낸 팬들은 이러한 그의 태도를 높이 사고 있다. 무엇이든지 빨리 얻으려는 것보다는 천천히 그러나 성의껏 일을 한다는 자세를 좋아하는 것이다. 화보집 발간과 관련해서도 일본인 팬들은 그가 다른 배우들과는 다른 자세를 보였다고 말한다. 인기에 영입해서 적당히 만들어 낸 화보집이 아니라 자신의 몸을 아름답게 만들기 위해서 남다른 노력을 보였다는 것이다.

이처럼 배우의 정성이 담긴 태도와 자기 발전을 위한 노력을 높게 평가하는 것이 일본인 팬들의 기준이다. 일본인 팬들의 평가 기준을 보여 주는 좋은 예가 그에 대한 호칭이다. 팬들은 그를 용사마라고 부르는데 그의 애칭이 왜 '용사마' 가 되었는지를 일본인들에게 직접 알아보자.

> "'사마' 는 '님' 과 같이 일상생활 중에서도 상대방을 존경할 때 사용하는 용어입니다. 많은 팬은 특별한 애정과 존경을 담아서 '용사마' 라고 부르는 것으로 생각합니다."(ruke, 6/19/04)

용사마라고 부를 때는 그를 단지 연기자로서만 인정하는 것 이상의 의미가 포함되며 애정과 존경을 동시에 표현하는 호칭이라고 한다(makoy). 그러면서도 사마가 대중의 인기인들을 부를 때 다소 남용되어 왔던 과거의 사례를 들어서 배용준의 경우는 차별화되어야 한다고까지 말하는 이도 있었다. (pooc)

그가 일본인 여성팬들의 우상이 될 수 있었던 이유 가운데 하나는 일본의 유명한 배우들이나 외국의 배우들이 보여 준 부정적인 이미지가 없었다는 점이다. 일본의 언론들도 "세밀한 데까지 팬에서 서비스를 하고 팬을 가족이라고 말하는 것까지 모든 것이 바로 한국 배우들의 힘이다"라고 칭찬하기도 하고, 그의 태도가 '치밀한 계산에서 나온 것이 아니라 자연스럽게 우러나오는 것' 이라며 외국의 스타들이 일본에 와서 오히려 인기를 잃고 가는 경우를 지적하였다. 한때 일본인의 인기를 한 몸에 지녔던 러시아

여성 가수들이 약속을 지키지 않고, 폭언을 해서 일본에서 인기를 잃게 된 사건도 인용되었다.[19]

한국의 배우였기 때문에 그의 사생활이 잘 노출되지 않았다는 사실도 고려해야 하지만, 그의 언행이 다른 배우들과는 다르게 진실성을 보여 주었다는 점이 지적되기도 한다. 그렇기 때문에 극중의 준상이나 민영이가 하는 대사들이 실제로 그가 할 수 있는 말로서 받아들여진다고 하는 이들도 있다. 한 여성 팬은 만일 그가 다른 배우들처럼 — 특히 일본의 유명배우들을 지칭함 — 행동한다면 좋아하지 않았을 것이라고 분명하게 말했다.

"BYJ는 부드러워 보이고 신사적으로 행동하며 아주 예의바르게 말합니다. BYJ와 비슷한 연령의 일본 스타에 누가 있을까요? …없습니다 …." (fumi 11/17/04)

종합하면, 드라마 속의 인물과 동일시된 배용준은 민영이와 같은 성격과 인격의 소유자라고 보는 것이 대부분의 팬들의 배용준관이다. 다정다감하면서도 뚝심이 있고, 그러면서도 눈물을 흘릴 줄 아는 마음이 고운 사람이라는 사실을 믿어 의심치 않는다. 실제로 배용준은 팬들을 가족이라고 부르고, 신변에 관한 일을 매스

---

19 주간조선, 2004년 12월 9일 1832호.

컴에 알리기 전에 홈페이지를 통해서 직접 팬들에게 알린다. 배용준은 공식홈페이지를 이용해서 팬들에게 편지를 쓴다. 사적인 이야기가 매스컴에 돌아다니기 전에 먼저 가족처럼 생각되는 팬들에게 알리는 것이 당연하다고 생각하기 때문이다.

이러한 그의 언행이 한국인들과 일본인들을 감동시킨 것이라고 보인다. 일본인들이 가장 소중히 하는 '남을 배려하는 정신'을 실천하고 있는 배우가 있다고 하는 사실에 놀란 일본인들은 그를 우상으로 삼기에 충분한 존재였다. zre2615씨의 표현대로 "소녀 만화에서 나온 것 같은 용사마의 자상함과 아름다움. 누구라도 이상의 왕자님 같다고 마음속으로 생각하는데, 그 이상 속의 사람이 현실에 나타난 것 같다는 느낌이라고 할 수 있을까요?"(zre2615)

이들에게는 자신들의 우상이 남들보다 천천히 가는 것을 개의치 않고 일상생활 속에 들어 있는 작은 것들을 소중히 하면서 앞으로 나아간다고 보았다. 이러한 태도야말로 결혼과 육아로 남들보다 뒤떨어져 있다고 믿고 있는 일본인 주부 팬들에게 희망과 활력을 주는 요소라고 생각된다.

V. 한류가 몰고 온 변화

「**겨울연가**」를 본 후 일본인 시청자들은 자신들의 생활에 크고 작은 변화가 일어났음을 앞 다투어서 고백하고 있다. 특히 생활태도가 달라져서 자신과 가족을 소중히 생각하게 되었음을 물론이고 자기의 능력을 계발하는 일에도 적극적으로 뛰어들게 되었다고 말한다. 우리의 기준에서 생각해 보면 한편의 한국 드라마가 그렇게까지 일본인들에게 커다란 영향력을 행사했을까 하고 고개가 갸우뚱해진다. 그러나 이들의 꾸밈없는 말을 들어 보며 실제로 나타나는 행동에 주목해 보기로 하자.

1. 삶의 활기와 사랑의 회복

일본의 배용준 팬들은 자신들의 생활이나 인식이 달라졌음을 고백하고 있다. 일상적 생활이 되풀이되면서 무미건조해 가던 자신이 한 편의 드라마를 보면서 생활의 활기를 가지게 되었다는 것이 스스로도 놀랍다고 한다. 한 배우를 좋아하게 되면서 자신도 누군가 사랑할 수 있는 마음을 다시 느끼게 된 것도 중요한 일이라고 한다. 이러한 마음의 변화가 결국 남편 · 자녀 · 이웃을 다시 바라보면서 사랑을 느낄 수 있도록 만든다고 한다. 50대 주부인 mutsumimi씨도 그런 경험을 고백하고 있다.

"… 지금 아이들도 집을 떠나고, 남편과 둘뿐인 생활을 하고 있지만, 일에 의욕이 생기고 남편에게도 자상하게 대하는 저를 볼 때마다 용준 씨의 웃는 얼굴과 사랑에 관한 작품을 접하고 있기 때문일 것이라고 생각하고 있습니다."(mutsumimi, 6/03/04)

sakanenobu씨는 정년을 한 후 집에서 머물면서 매일 반복되는 생활에 충실감을 잃고 있었다. 그러던 어느 날 처음으로 「겨울연가」를 (2003년 12월에 방영) 보면서 달라지는 자신을 발견하게 되었다고 한다. 그녀는 60대가 넘은 사촌 여동생 세 명과 함께 「겨울연가」의 팬이 되어서 행복하다고 말한다.

일본인들의 혼례장소가 되기도 한 남이섬

때로는 본인이 인생의 내리막길에 있었는데, 드라마를 보면서 '포기했던 삶을 다시 바라볼 수 있었다' 고 표현하는 이도 있었으며 자신이 평소처럼 행동하면 '그러니까 아줌마들은 …' 하는 말을 듣지 않도록 자기 계발을 한다는 이도 있었다. (gfbwg705) 이와는 반대로 shalom씨는 평소에 긴장의 연속 속에서 살면서 정신적인 여유를 찾을 수 없는 무미건조한 생활을 하고 있었다. 그런데 드라마를 시청한 이후부터는 생활의 여유를 찾고 자신을 사랑하게 되었다고 한다.

"(평소에) 굉장히 긴장하면서 생활하고 있었다. 정신적으로 여유가 없었다고나 할까. … (이제는) 자신을 사랑하게 되었다. 느긋하게 되었다고나 할까. 모두 (용준 씨) 덕분입니다." (shalom)

생활이 풀어져 있었던 사람들은 긴장감을 가지고 생활의 의욕을 찾게 되고, 팽팽한 긴장감 속에 정신적인 압박을 받고 있었던 이들은 느긋해질 수 있었다는 이율배반적인 이야기들이다. 이 두 사람의 공통점은 삶의 활력을 찾을 수 있었다는 것으로 볼 수 있다. masaesi씨는 〈북극성을 찾았습니다〉라는 글에서 최근 어머니가 돌아가시고 나서 슬픈 마음을 달랠 길이 없어서 힘들었는데, 우연히 「겨울연가」를 본 후에 슬픔을 딛고 다시 새로운 생활에 임할 수 있게 되었다고 한다. 그녀는 드라마 속에서 가장 가까운 사람을 잃었을 때의 심정 그리고 그것을 잘 극복해 나가는 사람들의 이야기에서 깊은 감동을 받았던 것이다. 드라마를 보는 동안 masaesi씨는 자기와 비슷하게 슬픔을 간직하고 사는 사람들이 많다는 사실을 깨닫게 되면서 조금씩 심리적으로 치유과정을 밟게 되었다. 그녀는 드라마 속의 민영이라는 인물로부터 도움을 받은 것처럼 자신도 누구에게인가 도움을 줄 수 있는 사람이 되기 위해서 다시 일어섰다. 지금은 부지런히 학원에 다니면서 자격증을 따기 위한 공부를 하고 있으며 남편과 아이들을 위해서 다시 열심히

살고 있다. (masaesi, 10/26/04)

masaesi씨는 드라마를 통해서 심리적인 치유를 받을 수 있었던 이야기를 상세히 해 주었다. 그녀와 비슷한 경험을 한 사람들의 이야기가 댓글로 올라왔다. 평소에 드러내지 않고 살았지만, 가족이나 가까운 사람을 잃은 슬픔을 마음속 깊은 곳에 묻고 있었던 사람들은 이 드라마를 보면서 치유되었다는 사례가 많다. 인생살이에서 느닷없이 닥친 가족들의 죽음이라는 고통을 묻어두었던 사람들에게 이 드라마는 한 편의 오아시스였다고 말하고 있는 것이다.

「겨울연가」의 시청자들의 다수는 masaesi씨처럼 가정에 충실한 주부이고 어머니이기 때문에 자신의 임무를 소홀히 하지 않으면서도 자신을 되찾기 위해서 노력하는 모습을 보이고 있다. 즐거운 일을 생각하게 되니까 평소 하기 싫던 일도 빨리 끝낼 수 있고, 무덤덤하게 생각되었던 가족들을 다시 바라보게 되었다는 것이 이들의 고백이다. 2004년 6월 13일 게시판에서 cocobakke, rgokita, mikanee씨들도 여느 주부들과 다를 바 없었으나 이제는 달라진 생활상을 전하고 있다.

"용준 씨를 알고부터 매일 매일을 굉장히 충실하게 삽니다. 하지 않으면 안 되는 일은 즉시 끝내고 PC와 TV를 향하기 때문에 질질 끌지 않습니다."(cocobakke)

"일을 그만두게 되면서 용준 씨를 알았습니다. 지금은 용준 씨

와 집안일을 양립해
야 하니까 큰일입니
다. 남편이 잠든 후
PC, DVD 앞에서 꼼
짝 못하고 있습니다.
수면부족만큼은 이전
과 같습니다."(rgokita)

배용준 홈페이지를 방문한 주부

"(이전에는) 아이를
키우는 생활이 전부였어요. … 아침에 일어나는 것이 빨라졌습
니다(용준 씨가 아침 일찍 일어났다는 걸 알고 나도 열심히 해
보고 있습니다.). 멀리 살고 있는 용준 씨 손이 닿지 않는 용준
씨를 생각하고 안타까움을 느낍니다. 그렇지만 용준 씨 덕분에
'하고 싶은 의지, 열심히 하려는 힘'이 넘치고 있습니다."
(mikanee)

일본인 주부들은 배용준 팬이 된 후 하루 24시간을 알뜰살뜰
쪼개어서 쓰고 있음을 알 수 있다. 밤늦게까지 컴퓨터 앞에 있다
가도, 아침이면 더 일찍 일어난다는 mikanee씨의 이야기는 누군
가를 닮아가면서 자신을 그와 동일시하는 일본인의 솔직한 심정
이 담겨 있다. 드라마를 보면서 배용준의 팬이 되었고, 거기에서
그치는 것이 아니라 자신을 그와 동일하게 만들고자 자신을 돌아

보면서 일상생활에서 활기를 얻어서 열심히 살려는 힘이 넘친다. mikanee씨와 같은 심정을 가진 팬들이 많기 때문에 우리들은 일본의 용사마 붐을 잘 이해하여야 한다.

junyahiro씨도 평범한 결혼생활을 하면서 무슨 일에 빠져서 열심히 하는 일이 없었다. 그러나 이제는 무엇인가를 열심히 추구하다 보니까 자기도 모르게 건강해진 자신을 발견하게 되었다고 한다. 그러고 나서 제일 먼저 한 일이 새로운 일을 계획하고 그것을 실천하는 일이었다.

2. 새로운 도전—한국어 공부, 다이어트, 그리고 자기계발

일본인 주부들이 배용준 팬이 된 이후 일상의 매너리즘에서 벗어났다고 입을 모아서 말한다. 그러고 나서 무엇인가 일을 시작하게 되었는데, DVD · CD · 잡지 · 책을 마구 사들이는 다소 소비적인 경향도 있기는 하지만, 자기를 계발 또는 개선하고자 하는 일에도 열심히 도전하게 되었다. 예를 들어서 한국어와 한국 역사에 대한 공부를 시작하기도 하고, 그 동안 잃어버리고 있었던 취미활동이나 자격증을 취득해서 새로운 일거리를 찾고자 하는 변화가 느껴진다.

"저는, 오사카에 살고, 30대 후반, 세 아이의 엄마입니다. 육아에 쫓겨도 작년부터 신기일전, 병원에 취업하여 매일 공부하고 있습니다. 급료의 1/3은 용준 씨의 DVD와 기타 관련 서적 구입에 쓰고 있답니다. 그리고 매일 pc를 독점하다시피 공부한답니다. 다음달에는 바라던 한국 여행을 할 수 있게 되어 한국어 공부를 한창 하고 있지요. 어려워요." (ㅜ_ㅜ) (yukanosuke)

yukanosuke씨는 DVD를 구입하느라 비록 돈을 너무 많이 썼지만, 위의 글에서도 알 수 있듯이 자신에게 도전하는 여성임을 알 수 있다. 또 50대 주부인 nokkoshibu씨도 새로 시작한 일을 소개하면서 잠이 부족해서 고민이라고 다소 엄살을 부린다.

"… 새롭게 시작한 일은 한글공부와 피아노. 그리고 나서 유교, 조선반도의 역사와 같이 묶어서 하지 않으면 안 되는 일 등이 산더미입니다. 하루 24시간은 모자라 수면시간도 4, 5 시간인 날이 대부분입니다." (nokkoshibu)

한국어 공부를 하는 일본인들

주부들이 수면부족을 호소하면서도 그것이 차라리 즐겁다고 한다. 평소에는 일상생활의 되풀이 속에서 다소 늘어져 있었던 것도 사실이었는데, 시간관리에 긴장감이 들기 시작했다. 드라마보기, 홈페이지 방문, 음악듣기, 한국어 공부 등을 하려면 평소 일을 서둘러 끝내야 한다

"수면부족이 습관처럼 되어서 심야 2시가 넘어야 자서 아침 7시에 기상. 하지만 이상하게 피곤함을 느끼지 않고 정신적으로 충실해져서 행복합니다. 지금이라면 어떤 일이든 이겨낼 수 있습니다!! 질려 버린 억국의 남편 눈치 보며 한극공부. 용준 씨를 만나기 위해 DVD와 PC에 꼼짝 못하게 되고 잡지를 마구 사대는 하루하루입니다."(mikikuma)

배용준의 팬이 된 일본 여성들이 보이고 있는 이러한 열의의 근원은 한국어를 배워서 배용준의 목소리를 생생하게 듣고 싶은 소박한 생각에서부터 내적으로 충실해지고 싶은 깊은 뜻에 이르기까지 다양하다. 최근에 배용준이 사진집을 낸 것을 보고는 다이어트에 돌입한 팬들도 많다. 그 동안 불어난 몸을 가지고는 배용준과 결혼하기는 힘들거라는 다소 장난스러운 발상에서부터 육체적으로도 아름다워진 자기를 갖고 싶다는 적극적인 자세에 이르기까지 몸관리의 이유도 다양하다. 뜻이 있으면 이룰 수 있다는 자신감을 회복한 후에 이들의 하루 24시간은 짧기만 하다.

"저는 오사카에 사는 34세 회사원입니다. 용사마와 결혼하기 위해, 아직 독신이었습니다. (여..여러분..놀라거나 화내지 마세요…) 회사 일 때문에 좀처럼 컴퓨터에는 접속하지 못하지만, 빈 시간을 이용해 하고 있습니다. 제 올해 목표는 두 개 있습니다.. 스페셜 프로포션이 되기 위해 육체개조를 할 것. 한국어를

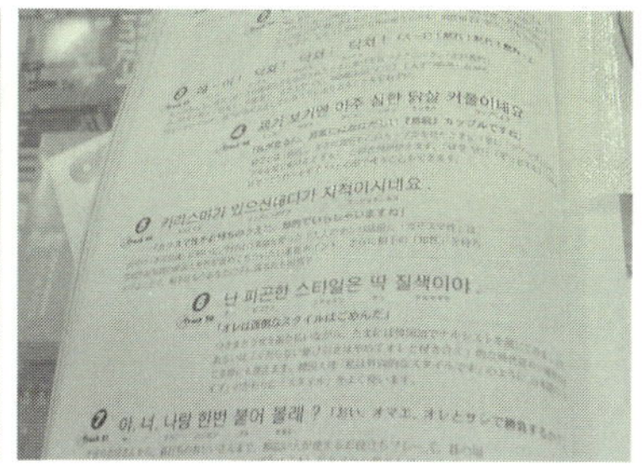

일본 서점에 진열된 한국어교본

마스터 할 것! 올해 1년에 걸쳐 이룰 예정입니다. 서로 힘냅시다!"(baefumika)

anren씨는 30대 두 자녀를 둔 주부이다. 결혼 후 아기를 낳고 몸이 불어서 여자로서의 매력을 잃고 있다고 스스로 생각하게 되었다. 배용준의 팬이 된 후 아름다워지고 싶은 욕망이 생긴 것이다. 그래서 다이어트에 돌입한 자신의 솔직한 이야기를 꾸밈없이 하고 있다.

"30대 초반의 두 아이를 둔 엄마예요. 아직 아이가 어려서 육아에 쫓기고 있지요. 육아에 너무 쫓겨서 완전히 엄마가 된 저는 여자라는 사실을 잊고 있습니다. 그래도 용준 씨를 만나고 나서는, 이렇게는 안돼!! 하고 다시 독신 시절처럼 되어야지라고 생각해서 다이어트를 시작하고 화장과 옷 등으로 꾸미기 시작했어요. 올해는 내면을 가꾸고 싶다고 생각하고 있습니다. 먼저 한국어를 마스터 하고 싶다고 생각해요. 여러분에게 선언한 이상 꼭 할 거예요~"(anren)

배용준의 팬이 된 후 용기를 얻어서 자신의 모습을 돌아본 일본 여성들은 적극적으로 새로운 삶에 도전장을 던지고 있다. 실제로 이들은 평소에 이루고 싶어했던 꿈을 조금씩 그리고 하나씩 실천하고 있다. 자신을 30대 독신이라고 소개한 asarin씨는 「겨울연

가」를 본 후 마라톤을 완주했다고 하면서 자신이 새롭게 도전할
목표에 대해서도 이야기를 들려 주고 있다.

"… 용준 씨의 가족이 되어 무엇인가 도전하고 싶다고 생각하
고 작년 말에는 풀 마라톤에 도전. 완주할 수 있었습니다. 올해
는 1. 일의 격과를 얻기 (용준 씨처럼 많이에요) 2. 육체개조 (용
준 씨를 언제라도 만날 수 있도록) 3. 용준 씨의 가족으로서 부
끄럽지 않은 행동을! 여러분과 함께 노력하고 싶다고 생각해
요."(asarin)

이들은 지금까지 잊고 있었던 취미생활을 다시 가까이 하기도
하고, 새로운 일거리를 찾고자 자격증 취득을 목표로 공부를 시작
하였다. 곧 40세가 된다는 hiromama씨는 십년 넘게 손을 놓은 피
아노 레슨을 다시 시작했다. 그리고 rumm씨도 자기계발의 일환
이라면서 국가고시를 준비한다고 한다. 틈틈이 한국어 공부도 하
겠다고 선언을 했다. 나이가 들어서 기억력이 감퇴되었지만, 그래
도 열심히 할 것이라고 스스로 다짐하고 있다. 데이 트레이더라는
목표를 향해서 매진하겠다고 sato32씨도 뒤질세라 선언하고 나섰
다. 이제까지 의지가 약해서 중도에서 쉽게 포기했던 자신을 책망
하면서 앞으로는 그런 약한 모습을 보여서는 안 된다고 다짐하고
있다. 이들에게 이러한 자기계발에 대한 욕구가 생긴 이유가 참으
로 특이하다. 배용준의 팬이 되기 위해서라면 꼭 필요하다면서 다

음과 같이 말하고 있다. '용사마도 자기계발을 하는 노력가를 좋아한다고 했기 때문에 …' (sato32)

hiromama씨, rumm씨, sato32씨 모두 배용준을 모델로 해서 자기계발을 하고자 구체적인 계획을 세우고 있다. 자신의 우상을 좇아서 그와 동일하게 되거나 비슷하게 되어야 한다고 생각하는 일본인들의 생각이 4819j씨의 글 속에서도 잘 나타나고 있다.

"저도 30대예요. 며느리이자 아내이고, 엄마이지요. 친구가 되었네요. 자기계발이 될까? 하고 생각하는데, 용준 씨가 재해가 있는 곳에 기부금을 내었어요. 저는 무엇을 하면 좋을지를 생각하고, 의료관계의 일을 한다면 좋겠다고 생각해서 공부하고 있습니다." (4819j)

결혼 후 아이들을 키우면서 가족을 위해서 살아온 중년의 일본 여성들은 마음 속 깊숙이 자기계발을 소망하고 있다. 자신이 평소에 하고 싶은 일을 통해서건, 아름다움을 되찾는 일이건, 잃었던 자신을 찾아보려는 꿈을 간직하면서 살고 있다. 이들이 이상적으로 생각하는 인간상이란 끝까지 노력하며, 한 번 결심한 것을 이루어 내는 극기와 성실성을 가진 사람임을 알 수 있다. 일본인의 팬들은 「겨울연가」를 본 후에 나이에 구애받지 않고, 자신들 마음 속에 깃들어 있는 이상적인 인간상을 구현해 보고자 새로운 도전에 임하고 있음을 알 수 있다.

3. 다시 알게 된 이웃나라 한국

일본 NHK는 2004년 9월 전국의 2,200명을 대상으로 실시한 설문조사에서 응답자 중 50%가 한국 드라마를 통해서 한국 문화를 접했다고 했으며 26%는 한국을 보는 관점이 달라졌다고 했다.[20]

한국 요리도 즐기게 되었으며 한국어와 한국의 역사를 공부하게 되었다는 사람들도 많아졌다. 일본인들이 한국에 대한 관심이 이렇게 높았던 적은 일찍이 없었다.

「겨울연가」의 팬들은 드라마를 보기 이전에 한국에 대해서 거의 무지한 상태였다고 고백하고 있다. mutsumimi씨는 50대 후반의 주부인데 그 동안 왜 한국에 대해서 관심을 가지지 않았는지를 좀더 구체적으로 말하고 있다.

"우리들 시대(70년대)에 일본 방송에서 나왔던 한국에 대한 뉴스는 [광주사건]이나 [계엄령](이것은 60년대?)등의 영상이어서 매우 무서운 이미지였습니다. 그러나 지금 한국의 엔터테인먼트와 강좌 등으로 인해 더욱 마음을 열고 공부해 보니, 이웃 나라인데도 아무것도 몰랐던 제 자신이 부끄러웠습니다."
(mutsumimi, 6/03/04)

---

[20] 매일경제 기사 2004년 12월 21일자 참조.

yomyoko씨나 0128씨도 전에는 한국에 대해서 부정적인 이미지를 가지고 있었는데 이제는 다시 보게 되었다고 한다. yomyoko 씨는 한국인을 차별하지 말아야지 하는 강박관념에서 벗어났다고 고백하고 있다. 사실 그러한 생각도 결국은 차별을 두는 마음에서 나왔기 때문이었다.

gomahito씨가 지적한 것처럼 서울올림픽이나 월드컵과 같은 국제적인 이벤트를 통해서 한국을 알게 된 것보다는 한편의 대중 드라마가 한일관계 개선을 위한 교량 역할을 하고 있는 현상에 대해서 놀랍다고 한다. 그는 처음에는 「겨울연가」가 이렇게 인기를 얻으리라고 생각지도 못했고, 뒤늦게 드라마에 심취하게 되었지만, 이제는 류의 음반을 사서 한국어로 노래를 부르고 있다고 한다. 일본인들이 한국어로 노래를 부르고 드라마의 대사를 한국어로 듣기 원하는 것은 매우 중대한 변화가 아닐 수 없다. 더구나 10대의 젊은이들이 한국어로 노래를 부르게 됨으로써 앞으로 두 나라는 더욱 가까워질 것 같다고 gomahito씨는 전망하고 있다. 그의

한일월드컵 당시의 모습

말대로 한류가 두 나라의 후세대들을 가깝게 해 주리라고 기대해
볼 수 있다. (gomahito, 5/26/04)

　일본인들이 겨울연가를 좋아하면서 자연스럽게 한국에 대한
관심이 시작되었고, 지금까지 소홀히 여겼던 한국어, 한국 역사
그리고 한국 문화를 배우고자 하는 열기가 충만하다. sakanenobu
씨는 「겨울연가」를 보고 감동한 후에 한글과 한국 역사 공부를
시작한 많은 일본인 가운데 한 사람이다. sakanemobu씨처럼 관련
책을 구입해서 독학으로 한국어를 배우는 이들도 있고, 방송이나
교육기관에 등록해서 한국어 강좌를 듣는 이들도 있다. 어학뿐만
아니라 박물관 등을 통한 한국 역사 수강생도 「겨울연가」 이후
크게 증가하였다.

한국을 재발견하고 한국에 대해서 알고자 하는 계층이 비단 중년의 주부들만은 아니다. 젊은이들도 이에 동참하고 있다. ayanoy와 같은 10대들이 적은 수이기는 하지만 한국에 대해서 관심을 가지게 된 것은 큰 의미가 있다고 본다. 이들은 앞으로 한일관계의 새로운 방향을 모색하여 나갈 세대로 어릴 때부터 대중문화를 통한 상호교류와 이해는 분명히 바람직한 것이라고 생각된다.

일본의 주부들이 한국에 대한 관심을 가지게 되니까 자녀들도 한국을 알게 되는 것은 자연스러운 일이다. ayanoy의 경우도 어머니와 함께 한국 여행을 간다고 하는 것을 보면 둘이서 함께 드라마를 보고 한국에 대한 관심을 공유하는지도 모른다. 더 어린 자녀를 둔 30대 주부들인 peko씨와 tonone씨네 이야기를 귀담아 들을 필요가 있다. 엄마가 한국 드라마를 즐기게 되면서 아이들에게도 많은 영향을 주고 있다고 한다. 어린아이들은 엄마가 좋아하는 배용준이 텔레비전 광고에 나오면 덩달아 신이 난다. peko씨 자녀들은 '한국에 갈 수 있으면 좋지~'라는 광고 문귀를 따라하고 tonone씨 딸들은 용사마가 왜 좋으냐고 누가 물으면 '잘 생겼어~'라고 장난스럽게 답한다고 한다. 자녀들이 모두 응원자라고 엄마들은 자랑삼아 말하고 있다.

일본인 팬들은 이처럼 온 가족이 한국에 대한 관심이 많아졌다는 변화를 지적하면서 그 동안 얼마나 폐쇄적이었는가를 알게 되었다는 반성의 목소리도 들린다. papagena씨나 fumimari씨는 이웃인 한국에 대해서 관심을 가지면서 자신들이 세계인이 된 것 같은 기분이 든다고 한다. 마음의 벽이 무너지고 다른 나라 사람들에 대해서 관심을 가질 수 있다는 변화가 신기하다는 점을 지적하고 있다.

"마음 속의 벽이 없어졌습니다. 세계가 넓어졌습니다. 벌써 한국에 대해서 흥미진진해 하고 있습니다. 그 정도로 멋진 드라마였던 거죠. 용준 씨도 … 여러 가지 벽을 뛰어넘어 사이좋게

되기를 기도합니다. 일상의 변화 … 한국어를 사용해 보고 싶
은 마음 … 한국의 젓가락은 의외로 무겁다. 이런 것들을 하나
하나 알아가는 일로 기뻐하고 있습니다." (papagena)

"… 바다에서 태어난 일본인인 제가 어떻게 주위를 보고 살지
않았던가 하고 부끄러워집니다" (fumimari, 6/3/04)

일본에서의 한류가 이웃이면서도 먼 나라였던 한국을 가깝게
느끼는 계기가 되었다는 점은 중요하다. 또한 그러는 사이 눈을
더 크게 뜨고 자신들이 어떤 위치에 서 있는가를 돌아보게 되었
다고 말하는 이들도 늘었다. 이러한 변화 속에서 한류를 가장 기
뻐하는 사람들은 재일동포들이다. 한국인인 것을 숨겨야 했던
지난 시절은 재일동포들에게는 고난이었다. 어느 일본인 교사가
홈페이지에 올린 글에서도 그 사실이 확인되었다. 그는 일본의
고등학교에서 일본어를 가르치고 있는 3년 경력의 교사라고 자
신을 소개하면서, "내 제자 중에는 차별을 두려워해서 한국인임
을 숨기고 살아올 수밖에 없었던 학생들이 있었다. 일본인의 한
사람으로서 (그러한) 상황으로 재일한국인들을 몰아넣은 것에
대해서 큰 책임을 느낀다"고 말하였다. 얼마 전까지 한국인임을
숨겼던 학생들이 이제는 "한국이 내 조국이라고 떳떳하게 밝혔
을 때 가장 큰 기쁨과 감동을 느꼈다"고 그는 말했다. 그러면서
"배용준, 당신이 내 제자에게 한국인으로서 자랑과 존엄을 되찾

게 해 주었다"며 그에게 감사한다는 내용의 글을 썼다.[21]

재일한국인인 curumi씨와 apple38씨의 이야기도 듣는 사람들의 마음을 아프게 하지만, 그들이 자긍심을 되찾고 한국인의 뿌리를 다시 확인할 수 있게 된 사실은 소중하다.

"저는 예전부터 한국인이라는 사실에 불만을 가지고 있었습니다. … 일본에서 태어났기에 일본인으로 살아가고 싶었습니다. 한국어로 말할 수 없는 한국인. 그래도 올 4월부터 NHK교육텔레비전에서 한글 강좌를 보면서 공부하고 있습니다. 지금 공부를 시작한 것은 늦었지만 지금이라도 공부하고 싶다고 생각했기 때문입니다. 용준 씨의 진지함에 한일교류를 생각할 수 있게 되어서 마음이 움직였습니다. 예전과는 다르게 한국을 진솔한 마음으로 생각하게 된 배경에는 용준 씨의 역할이 큽니다 …." (curumi, 4/13/04)

"저도 한국어를 말할 수 없는 재일교포 3세입니다. 그리고 그것을 직장에서도 친한 친구에게조차 고백한 적이 없고 일본이름을 쓰고 있는 사람입니다. 이번 용준 씨의 내일(來日)소동이 보도되기까지, 「겨울연가」를 본 적도 없고, 하물며 용준 씨 이

---

21 2004년 5월 3일자 헤럴드 경제기사 참조.

늘조차 못봤습니다. 오히려 직장에서 주위의 일본인들이 「겨울연가」는 좋아요~'라고 말하는 것을 '어떤 점이?' 하고 의아하게 생각했었습니다. 그래도 이번 소동을 계기로 드라마를 보게 되었습니다. … 한글에 대해서는 모국어임에도 불구하고 별로 좋은 인상을 갖지 않았지요. 그래도 용준 씨의 매력적인 목소리를 듣고, '한국어라는 것이 이렇게 예쁘고 부드러운 말이었구나~' 하고 지금에 와서 감동하고 있습니다. 저도 한국어를 공부하고 싶다고 생각하게 되었답니다. 팬들 중에는 추종자, 아줌마들이라고 비판받고 있는 사람들도 있지만, 재일한국인인 나로서는 일본 사람들이 한국의 한 배우와 드라마에 대해서 이렇게도 열광해 주는 모습에 감동받고 있고, 용준 씨가 일본에 왔을 때 '비행기의 하늘에서 공항의 행렬이 보였을 때는 가슴이 뭉클할 정도로 감동했다'고 말한 이유를 알 수 있습니다. … 이렇게 멋진 드라마의 존재를 알려 준 일본 팬들, 그리고 한국어의 아름다움을 가르쳐 준 용준 씨에게 감사드려요~" (apple38, 04/13/04)

apple38씨도 한국인임을 드러내지 않고 사는 재일동포로서 처음에는 「겨울연가」의 인기를 믿으려고조차 하지 않았다. 일본인들이 좋다고 해도 관심이 없었다. 한국말도 모르지만, 이미지가 호전적이어서 외면하고 살았다. 그러나 조금씩 관심을 가지기 시작하면서 드라마에서 들려오는 한국어의 아름다움과 한국인의 따뜻한 마음에 빠지기 시작하였다. 이제는 일본인들이 한국에 대한 이미지를 바꾸어 가고 있고 이것을 계기로 두 나라의 관계가 다시 세워지기를 간절히 바라고 있다.

거리상으로만 가까운 나라인 한국이 일본인들에게 다가가고 있다. 호전적이고 어두운 이미지를 벗고, 밝고 따뜻한 나라라는 인상을 가지게 되었다는 것이 일본인들의 공통적인 의견이다.

4. 환타지로의 여행

일본 NHK의 연구결과에 따르면 일본인의 38%가 「겨울연가」를 시청한 것으로 나타났다.[22] 예상외로 많은 시청자들이 「겨울연가」를 보고 곧 이어서 그것이 경제효과로 이어졌다. 문화산업부문의 시장규모가 크게 확대되기 시작한 것이다. 이 효과는 비단 일본 국내에 그치는 것이 아니었다. 일본과 한국 양국 모두에게 일정한 경제효과를 가져왔다. 일본의 문화산업 관련 내수시장이 확대되고, 한국에서도 문화산업 수출액도 크게 증가하였다. 몇년 전부터 불기 시작한 한류로 인해서 한국에서는 문화산업의 수출

이 증가되고 있는데 그 증가세가 더욱 뚜렷해진 것이다. 중국이나 대만 그리고 동남아시아에서의 한류와는 다르게 일본의 한류 주 소비층은 중년여성이라는 점이 특이하다. NHK의 분석은 중년여성들이 주 소비층을 형성하고 있기 때문에 경제효과가 상승될 수 있었다고 보았다. 배용준 팬들이 사들이는 DVD·CD·테이프·서적류·관광상품 등으로 일본의 문화산업 내수시장은 활성화되었다.

일본에서는 2004년 한 해 동안 「겨울연가」가 양국에 가져온 경제효과가 약 2조 4156억 원에 이른다고 분석하였다.[23]

일본제일생명경제연구소의 분석자료에 따르면 「겨울연가」로 인해서 관광산업이 크게 증가해서, 한국 관광을 간 일본인들 수가 10만 명이 늘었다고 한다. 이들이 한국에서 지출한 비용이 일인당 1회 평균 16만 엔이라고 계산하였다. 관광객이 소비한 비용과 호텔 도소매업, 운수업 등 업종별 생산 유발액을 포함하면 2004년 1조 1906억 원의 경제적 효과가 나타났다. 그리고 DVD·CD·서적·잡지를 비롯해서 관련 상품판매의 증가 및 광고 모델로 기용

---

23 한국의 현대경제연구소도 용사마의 효과가 한국에는 1조 원 일본에는 2조 원 등 총 3조 원에 이른다고 추산하였다. 특히 배용준 화보 200억 원, 배용준 달력 100억 원 등 배용준 관련 문화콘텐츠 수출액이 1300억 원에 이르며 이는 자동차 13,101대 (2003년도 기준으로 대당 9605달러)를 수출한 것과 맞먹는 효과라는 것이다.

서울 유진이네집 담장

한 껌 초콜릿, 비디오카메라, 자동차의 매출 증가로 1225억 엔(약 1조 2250억 원)의 경제적 효과를 봤다는 것이다(한국방송영상산업 진흥원은 '방송동향과 분석' 12월호 참고). 「겨울연가」 주제가는 120만 장을 돌파했고, 배용준이 광고모델로 등장하는 탄산음료의 매출도 30%가 증가했다.

이러한 통계자료를 증명하듯이 배용준 팬들이 각자 상당한 양의 관련 상품을 구입했다고 말하고 있다. cyoko8씨도 배용준에게 빠져서 셀 수 없이 많이 DVD · 잡지 등을 구입했는데, 다행히 남편과 아이들이 긍정적으로 봐준다고 한다.

"저도 DVD, 잡지 등 셀 수없이 많은 상품을 구입하고 있습니다. 한때 여기에서도 [용겔계수] (엥겔계수에서 온 말) 라는 말이 빈번하게 나왔고, 어떤 방법으로 용준 씨 관련 상품들을 구입할까, 그리고 그것이 얼마나 행복할까…(^-^)..라는 것을 말하곤 했지요. 저도 지금까지 이렇게 끌려서 구입한 것은 처음이에요.

푹 빠져 버린 것을 격침되었다라고 표현하고 있습니다만, 정말 저는 그렇습니다. 용준 씨의 매력에 매일 격침되어 행복을 느끼고 있답니다. 남편과 아이들도 그런 저를 따뜻하게 바라봐 준답니다. ^^*" (cyoko8, 6/19/04)

대부분의 열성 팬들은 드라마나 배용준이 나오는 영화를 한 번 보는 것에 만족하지 못하고 DVD를 사서 여러 차례 반복해서 보고 있다. 뿐만 아니라 극중에 주인공들이 사용하는 목도리나 심지어는 드라마 속에서 주인공들이 식사를 하는 장면에서 사용하는 숟가락까지 구입하기를 희망하고 있다.

한편의 드라마가 셀 수 없이 많은 상품을 만들어 낸다는 것을 알 수 있다. 직접 관련된 DVD · 책 · 잡지 뿐만 아니라 배우들의 패션 · 장신구 및 소지품 등도 곧 상품이 된다. 관련된 상품이 제작되고 소비됨으로써 여러 가지의 효과를 한꺼번에 얻게 된다. 경제적인 면에서 나타나는 효과가 가장 주목을 받게 된다. 아울러 한국의 이미지도 개선시킬 수 있는 절호의 기회가 된다. 과거에는 별로 주목을 받지 못하였던 한국의 드라마 · 음악 · 관광 등이 일본인들의 관심사가 되면서 일본인들은 한국에 대해서 새로운 인식을 하게 되었다. 그러나 현 시점에서는 지나치게 앞질러서 판단하거나 과대망상에 빠져서는 안 된다. 다시 말해서 일본인들이 「겨울연가」나 배용준의 팬이 되었다고 해서 한국 팬이 된 것은 아니라는 뜻이다. 한류를 즐기는 것과 한국과 한국인을 좋아하는

춘천 준상이네 집을 구경하는 일본인 관광객들

것은 별개의 사안이다. 그러나 분명한 것은 일본인들이 예전보다
는 한국에 대해서 좋은 이미지를 가지게 되었다는 점이고, 이러한
변화를 우리는 긍정적으로 그리고 적극적으로 받아들여서 이용
할 필요가 있다.

1) 촬영지를 찾아서

「겨울연가」가 방영된 이후 일본인 팬들에게는 새로운 꿈이 생
겼다. 바로 한국을 방문하는 일이다. 유적지나 명소를 찾는 관광
이 아니라 「겨울연가」 촬영지를 찾는 아주 특별한 관광이 이들의
꿈이다. 한국을 찾는 일본인 팬들이 크게 증가하면서 「겨울연가」

춘천역과 준상이네 동네

의 촬영지는 이들에게 명소가 되었다. 우리는 일본인 팬들이 어떤 생각을 가지고 한국을 방문하는지, 어떤 구체적인 이유를 가지고 있는지, 그리고 어떤 상황에서 여행을 오는 것인지가 궁금했다. 그래서 일본인들의 이야기를 인터넷을 통해서 들어 보기도 하고 관광객들을 직접 만나 보기도 하였다. 이들의 생각을 알 수 있는 재미있는 글과 인터뷰한 내용을 소개해 보고자 한다. shinoko씨가 올린 〈꿈에 그리던 「겨울연가」 여행〉에서 일본인 주부들이 느끼는 「겨울연가」여행의 꿈이 어느 정도 절실한지, 그리고 이들이 어떤 개인적인 상황에서 여행을 오는 것인지 등을 알 수 있다.

"「겨울연가」를 본 이래 너무나도 가고 싶었던 한국의 「겨울연가」 투어. 그렇지만, 나는 일을 하고 있고 아이들이 어리고―초등학교 2학년과 중학교에 다니는 딸 둘―, 또 시어머니를 모시고 살기에 분주한 일과를 보내고 있습니다. 이런 상황이어서 한국의 「겨울연가」 여행지를 찾는 것은 꿈에도 생각할 수 없었습니다. 그래서 저는 아이들이 다 자라서 시간적인 여유가 있으신 저보다 나이가 위이신 분들이 부러웠습니다. … 나는 「겨울연가」 바람을 마음속 깊이 잠재웠습니다. ^^. 그러던 어느 날, 제 속마음을 알고 계신 친정어머니가 아이들을 보아 줄 터이니 갔다 오라고 등을 떠밀었습니다. 어머니 말씀이 '나는 아직은 기운이 있어서 손녀들을 돌볼 수 있어'라고 하셨습니다. 그래서 용기를 내서 남편과 시어머니께 말을 하였고, 큰 딸도 '엄마

이 글을 읽은 많은 팬들이 shinoko씨를 격려했고, 또 어떤 이는
너무 부럽다고 했다. topochan씨는 "건강한 엄마가 되어서 돌아오
면 주위의 모든 사람이 행복해질 거라고 생각합니다. ^^"라는 댓
글을 달았다. topochan씨의 말이 맞다. shinoko씨의 꿈의 여행은
가족 모두를 행복하게 할 것이다. 친정엄마가 딸을 챙기는 마음,
딸이 엄마를 격려하는 마음, 시어머니와 남편 역시 큰 지지자로서
shinoko씨의 여행을 준비해 준다. 엄마 · 아내 · 며느리 · 딸이 비
어 놓은 자리에 새로운 가족애가 싹트고, shinoko씨 역시 가족 모
두가 한마음으로 자기를 밀어주고 있다는 생각으로 행복에 겨워
한다. 여행하는 내내 shinoko씨는 일본의 가족으로부터 사랑을 느
끼면서, 「겨울연가」의 환타지를 경험하면 더 젊어지고, 활기차고,
사랑이 넘치는 엄마, 아내, 며느리, 딸로 변화될 것이 틀림없다.

일본인 팬들은 「겨울연가」 여행의 꿈을 이루기 위해서 한동안
부푼 가슴을 안고 산다. 열심히 일해서 돈을 모아야 하고, 시간을
아껴 쓰면서 일을 미리미리 해 두기도 한다. 알뜰한 살림을 사는
주부들임에 틀림없으나 자신의 작은 꿈을 이루기 위해서는 돈과
시간 그리고 열정을 아낌없이 바치는 것이다. 그렇다고 돈과 시
간을 마음대로 쓰는 것은 아니다. shinoko씨처럼 분주한 일정 가

운데 일부를 떼어내서 소중하게 사용하고자 하는 모습이 보이고 있다.

이들이 「겨울연가」 여행을 얼마나 소중하게 생각하는가는 여행후기를 게시판에 올린 사람들의 글에서 잘 나타난다. 인천공항에 내리자마자 감동의 눈물이 나오려고 했다는 사람들도 있고, '만족 200%의 여행'이라고 스스로 평가하는 이도 있다. (formula, 10/24/04) 이들이 도대체 어느 곳을 다녔기에 만족 200%였을까가 궁금해진다.

"나도 친구랑 다녀왔습니다. 역시 공항에 도착했을 때 감격했습니다. 2박 3일간 춘천과 남이섬만 갔고, 서울시내 관광은 하지 않았습니다. 밤에는 자유시간이 있어서 명동거리와 민영 씨가 머물렀던 프라자호텔을 가 보았습니다." (tsuioku 10/14/04)

일본인 팬들은 강원도와 서울에 있는 「겨울연가」 촬영지를 골고루 다닌다. 춘천의 명동거리, 준상이네 집, 서울의 중앙 중·고등학교 부근, 유진이네 집 등이 어느새 명소가 되었다. 한국인의 눈으로 보면 도대체 특별한 것이 없는 허름한 집, 학교 담장, 어느 도시에서나 볼 수 있는 길거리를 일본인 팬들은 감격해 하면서 보러 다닌다. 이들이 자주 가는 춘천에 위치한 준상의 집에는 약 6개월 동안(2004년 6월 23일부터 12월 30일까지) 100,000여 명의 일본인들이 다녀갔다. 하루 평균 약 520명 정도가 다녀간

셈이다.[24]

　남이섬도 연일 관광객들로 장사진이다. 이 섬의 경치는 아름답지만, 외국인들이 경탄을 금할 만큼은 아니다. 경관 자체로만 본다면 남이섬보다 월등하게 좋은 곳이 많다. 일본 관광객들은 「겨울연가」의 촬영지였다는 단 하나의 이유로 이곳을 찾는 것이다. 서울에서부터 버스나 기차를 타고 한 시간 이상을 달려와서 다시 긴 줄로 서서 기다려야만 이 섬으로 들어갈 수 있다. 최근 몰려드는 관광객들의 볼거리를 위해서 남이섬에 연가상(戀歌像)이라는 남녀 주인공의 동상이 세워지기도 하였다.

　한국 방문을 하고 간 hanulu씨가 홈페이지에 투고한 한국여행기를 보면 이들이 어디를 다녀오는지를 알 수 있다. hanulu씨는 남이섬, 창덕궁, 종묘, 인사동 죽집, 전주중앙회관(서울), 등을 다녀왔다. 일반 관광지의 특징과 저렴하게 가는 방법도 소개하였지만, 그녀가 소개하는 여행의 하이라이트는 역시 「겨울연가」의 촬영지였다. 어렵게 찾은 배용준의 전속기획사인 BOF, The Quad, 조선 뚝배기집 등 배용준이 자주 찾는 카페, 음식점 등도 다녀왔다고 자랑스럽게 안내하였다.

　「겨울연가」의 촬영지였던 서울 신촌에 있는 재즈바도 일본인 관광객들에게 인기장소가 되었다. 남편과 동행할 예정인 keil345씨는 여행을 떠나기 전부터 설렘과 다소의 실망을 다음과 같이 적

---

24 춘천시 자료제공. 2004년 12월.

고 있다.

"「겨울연가」를 좋아하는 친구들과 동행하려고 했으나 남편과 같이 가게 되었어요. 남편은 용준 씨에게는 관심이 없습니다. 용준 씨가 갔던 재즈바에 가려고 했으나 남편이 9시가 되면 곧 아떨어지므로 못갈 것 같아요. 혼자서 가기는 무리여서… 못갈 것 같습니다. 꿈속에서 그리던 「겨울연가」 여행을 위해서 지금까지 열심히 일을 했어요…"(keil345, 10/13/04)

keil345씨의 부부동반여행을 부러워하며 축하해 주는 이들이 19명이나 되었다. "정말 부럽습니다. 재즈바 파이팅!! 마흔도 넘은 나이에 재즈바에 혼자 가면 어때요. 남편이 안 간다고 하면, 혼자라도 꼭 가 보세요. 그런데, 혹 무슨 일이 있으면 제 탓은 아니예요!!"라는 부추기기도 하고 슬쩍 농담을 건네는 이도 있었다. kanimiso씨는 재즈바의 상호가 버드랜드이고 신촌 이화여대 부근에 있다고 아주 친절하게 일러주었다. 이런 저런 격려와 축하의 말을 들은 keil345씨는 남편을 설득해서라도 꼭 재즈바에 다녀오마고 답하면서 꿈의 여행을 떠날 생각으로 온통 마음이 부풀었다.

히라타(平田綾子)씨는 2005년 1월 8일 필자가 서울의 유진이네 집에서 만난 관광객이다. 그녀는 대학교 1학년인 딸과 함께 「겨울연가」 관광을 왔다. 현재 초등학교 교사로 재직하고 있으며, 한국 방문이 두 번째라고 했다. 5년 전에 한국에 왔을 때는 명승지 중심으로 관광을 하고 돌아갔으나 이번에는 특별한 방문이라며 연신 즐거운 표정을 감추지를 못하였다. 휴가를 이용해서 「겨울연가」 관광에 나섰는데, 3박 4일로 일정이 정해져 있어서 학교에다가 연가를 신청해서 왔다고 덧붙였다. 남이섬, 춘천을 들러서 서울의 유진이네 집까지 온 하라타씨는 3월에 다시 한국을 방문할 계획이 있다고 한다. 그때에는 동해안 쪽을 가 볼까 한다고 했다.

일본인 팬들의 여행은 이처럼 특별나다. 여행의 동기에서부터 여행 장소 그리고 여행에서 느끼는 감동에 이르기까지 지금까지 우리가 생각하는 것과는 전혀 다른 유형의 관광을 즐기고 있다. 한국인들이 무심코 지나치는 장소가 관광지가 되고 있다. 일본인 팬들은 「겨울연가」에서 본 환타지를 찾아서 나비가 되어 한국으로 날아오고 있다. 그리고 그 환타지를 재확인할 수 있다는 바람으로 「겨울연가」의 촬영지를 찾는 것이다. 또 그러한 여행이 한 번으로 끝나는 것이 아니라 여러 차례 반복된다는 특색이 있다.

2) 또 다른 가족을 찾아서

일본인 팬들은 인터넷을 통해서 활발하게 의견을 교환하고 상호교류를 하고 있다. 배용준과 관련된 사이트를 다니면서 정보를 얻고 또 다른 팬들과 이야기를 나눈다. 여러 사이트 가운데 배용준의 일본 홈페이지가 가장 활발한 활동이 일어나고 있는 곳이다. 이곳을 방문해서 사람들을 만나 보려고 컴퓨터에 문외한이었던

남이섬: 「겨울연가」의 환타지

서울 중앙고등학교 앞에서

중장년층 여성들은 열심히 컴퓨터를 배웠다. 인터넷을 익숙하게 사용해 보려고 많은 노력을 기울였다. 처음에는 컴맹을 호소한 사람들도 시간이 조금만 지나면 숙달된 방문자가 된다. 이들의 활동 목적을 가만히 들여다보면 「겨울연가」나 배용준과 관련된 정보를 얻기 위함도 있지만, 이들은 인터넷 공간에서 상호교류하면서 새로운 관계를 형성해 가려는 의식이 강하다. 한마디로 공통의 관심사를 통해서 서로가 가족애를 느끼기 시작한 것이다.

앞에서도 소개했지만 nagomiko씨는 60대의 여성인데 인터넷 홈페이지를 방문하고 싶어서 손자로부터 급히 컴퓨터를 배우기 시작하였다. 컴퓨터를 배운 지 열흘 만에 홈페이지에도 글을 올릴 수 있을 정도로 성과가 있었다. 나이는 많지만, '자상한 가족들이 모인 공간'에 꼭 참여하고 싶어서 컴퓨터를 열심히 배웠으나, 아직도 서툴기 때문에 여러 사람들의 지도를 부탁한다고 공손히 자신을 소개하는 글을 올렸다. (nagomiko, 2004/10/30) 그러자 많은 사람들이 nagomiko씨를 격려하면서 다투어 댓글을 달았다. 팬이 되는 것은 나이와는 상관없는 것이라고 nagomiko씨에게 용기를 주는 이도 있었고, 최근에야 컴맹을 탈출했다며 자기의 경험을 소개하며 축하해 주는 이도 있었다.

위의 60대 여성들은 배용준 홈페이지가 만들어지면서 컴퓨터를 배우기 시작했고, 열심히 글을 쓰는 방법을 배우고 익혀서 이제는 자유롭게 인터넷을 사용할 줄 알게 되었다. 그렇게 됨으로써 이들은 인터넷 사회의 일원으로 활발하게 활동하고 있다. 나이를 잊은 채 하루라도 홈페이지를 방문하지 않으면 몸살이 난다고 고백하면서 서로가 따뜻한 정을 느끼는 말을 주고받는다.

일본의 배용준 팬들이 인터넷을 하나의 구심점으로 해서 새로운 사회를 구축하면서 과거와는 전혀 다른 종류의 교제를 하고 있다. 이들은 그곳에서 빠져 나올 수 없을 만큼 중독성이 강하다고 말하고 있는데 그 이유를 알 수 있을 것도 같다. 인터넷 속에는 드라마와는 또 다른 환타지의 세계가 이들을 기다리고 있다. 물론 드라마의 연장선상에서 인터넷 교류가 이어지고는 있지만, 인터넷 세상에는 분명히 다른 신세계가 펼쳐지고 있는 것이다. 이와 같은 인터넷 안의 세상은 참여자들이 스스로 만들어 가는 것이어서 역동적이면서도 커다란 재미를 느낀다.

이들이 만들어 놓은 환타지 세상은 실제 세상과는 분명히 거리가 있으며 차이도 많다. 그렇기에 이들은 인터넷 속에서 새로운 경험을 하고 있다. 그 가운데 우선적으로 꼽을 수 있는 것은 이들이 다른 사람들과 스스럼없이 속내를 터놓고 대화를 한다는 점이다. 이들은 언제라도 인터넷 속에서 마주치면 속을 터놓기가 쉬워지는 모양이다. 얼굴을 마주하면 말하기 힘든 이야기들도 이 공간에서는 비교적 자유롭게 오간다. 인터넷의 익명성과 함께 서로 마주보지 않고도 말할 수 있다는 장점 때문에 이들은 평소 격식을 갖춘 대화법을 다소 누그러뜨리게 된다. 본인의 속내를 허심탄회하게 드러내기도 하고, 타인에 대해서 크게 신경을 쓰지 않아도 된다는 점이 인터넷 대화의 장점으로 꼽힌다. 그럼으로써 이들은 상대방에게 자신의 마음을 보일 수 있는 자유로움을 가지게 된다.

santa씨는 30대 독신여성이라고 자신을 소개하면서, "저는 오사카에 살고 있는 보육사입니다. 물론 독신이구요. 매일 '한국 여행을 가고 싶다' 라고 생각하고 있는데 좀처럼 같이 여행을 갈 사람이 없어서…같이 가실 분 안 계시나요?" 라고 묻는 글을 올렸다. 과거와는 달리 인터넷을 이용하게 되면서 일본 여성들의 의식도 서서히 바뀌어 가고 있음을 알게 된다. 서로 정보를 나누는 일에 소극적이었던 일본인들이 적극적으로 변한 모습을 볼 수 있다. 2004년 3월 18일부터 2004년 12월 22일까지 홈페이지에 올라온 77,623건의 글 가운데 '가르쳐 주세요' 라는 제목의 글이 1,204건이고 정보를 구하는 내용은 약 4,000건을 넘어서고 있다.[25] 배용준과 관련된 정보를 묻는 것에서부터 DVD를 보는 방법이나 녹화하는 방법을 묻는 글도 많다. 한국사이트에는 어떻게 들어가는지, 한국어 번역기를 어떻게 사용하는지, 한국여행에 관한 정보 등을 묻는 글도 많다. 일본인들은 과거와는 다르게 인터넷을 통해서 다른 사람들로부터 정보와 도움을 적극적으로 구하고 있음을 알 수 있다. 인터넷이 아니었더라면 일본인들이 다른 사람들에게 무엇

---

25 '가르쳐 주세요' 라는 제목으로 검색을 하면, 1,204개의 글이 있고, 리플이나 내용상 정보를 구하는 것은 약 4,000건이 넘는다.

을 가르쳐 달라거나 도와 달라는 일은 흔치 않았을 것이다. 일본인들 사이에서도 이례적이라고 느껴지는 현상이 인터넷 세상에서 일어나고 있는 것을 알게 된다.

두 번째로는 이들이 홈페이지 활동을 통해서 서로가 가족애를 느끼고 있다는 점이다. mieko0801씨가 말했던 것처럼, 서로가 아무것도 모르는 사람들이 모여서 오로지 한 가지 공통된 사실을 마음에 품고는 친구가 될 수 있다는 것이다. 이들은 인터넷의 문턱을 넘으면서 "오늘도 그 사람 올까? 오, 왔네! 이 사람은 참 재미있는 분이네, 친구가 되었으면 좋겠다." 등 설렘을 가지고 인터넷의 세계로 들어가게 된다. 그곳에서는 얼굴도 모르고 나이도 모르지만, 마음이 통하는 아름다운 사람들과 즐거운 대화를 나눌 수 있어서 무척이나 행복한 공간이라고 느끼고 있다. 자주 들어오던 사람이 뜸해지기 시작하면 궁금해 하고, 걱정도 해 준다. 그러다가 그 사람이 다시 오면, 서로가 반갑게 맞아 준다. 마치 오래된 친구나 가족이 돌아온 것처럼 좋아한다. 기쁜 일은 나누고 좋지 않은 일은 서로 위로하고 걱정해 준다. 그래서 이들은 스스로를 '아름다운 가족'이라고 부른다.[26]

---

[26] 원래 인터넷 홈페이지에서 '가족'이라는 말은 배용준이 자신의 팬들을 가족이라고 부르기 시작한 데에서 연유했다. 이후 배용준 팬들은 스스로를 가족이라고 부르고 있다.

"나도 여기(배용준 홈페이지)에 오면 무척 마음이 따뜻해집니다. 우리는 모두 가족이니까요." (star0108, 12/22/04)

"아내로서, 엄마로서… 시간만 있으면 여기에 옵니다. 따뜻한 사람들이 많이 있어서 마음이 안정되고 편안해집니다." (michi8823)

효고현(兵庫縣)에 사는 keikokeiko씨가 2004년 10월 20일 홈페이지 게시판에 올린 글과 댓글을 보면 이들 사이에 오고가는 정보와 마음이 단순히 「겨울연가」와 배용준에 관한 것만은 아니라는 사실을 알게 된다. keikokeiko씨는 태풍이 심하게 부니 모두들 조심하라고 가족에게 말하듯 당부하고 있다.

"가족 여러분, 저는 지금 일에서 돌아왔습니다. 여기는 효고현입니다. 태풍이 너무 강하게 불고 있습니다. 전례 없이 심한 비바람으로 귀가 중에 간판과 나무가 쓰러지고 있었습니다. 집 가까이 개천이 범람하고 있지만, 제가 있는 곳은 곧 태풍이 지나갈 것으로 생각됩니다. 그러나 점차 관동지방으로 간다고 하니 앞으로 태풍이 다가가는 지역에 계신 여러분들은 부디 주의해 주시기 바랍니다." (keikokeiko, 10/20/04)

keikokeiko씨의 글에 대해서 20여 명이 고맙다는 답글을 올렸다. 또 자기 지역의 태풍정보를 올리는 이들도 있었다. 이러한 이웃사랑의 모습은 지진이 일어났을 때도 나타났다. 일본인 팬들은 인터넷을 무료한 시간을 메우기 위해서 또는 놀이를 하기 위해서만 이용하는 것은 아니다. 처음에는 한류에 대한 정보를 얻고 서로의 공통된 관심사를 나누기 위해서 홈페이지를 방문하였지만, 시간이 지나면서 새로운 현상이 나타났다. 이제는 이곳을 방문하는 사람들끼리 가상공간 안에서 가족이 되어서 서로가 격려하며, 정을 나누는 사이로 발전하게 되었다.

VI. 한류, 앞으로 어떻게 할 것인가?

우리는 일본에서 일어나고 있는 한류를 처음에는 어리
둥절한 채 바라보기만 했다. 도대체 일본에서는 무슨 일이 일어난
걸까? 일본인 관광객들이 몰려들어도 먼 발치에서만 바라볼 뿐
무슨 영문인지를 몰랐다. 중국, 대만 그리고 동남아시아에서 일고
있는 한류와는 또 다른 패턴으로 우리에게 다가왔기에 더욱 이해
하기 힘들었다. 이제 비로소 우리들은 조금씩 알게 되었다. 앞 장
에서는 일본인 팬들의 글을 직접 읽으면서 그들의 소리를 직접 들
어 보았다. 이것은 현재 일본의 한류 현상을 이해해 보기 위한 것

이었지만, 다른 한편으로는 앞으로 우리가 어떻게 해야 할 것인가를 생각해 보려는 전초작업이기도 하였다. 그래서 이 장에서는 한국의 현실을 되돌아보고 성찰을 하면서 개선해야 할 점에 대해서도 생각해 보고자 한다.

1. 서양에서 아시아로

근대 초 일본이 서양과 교류를 본격적으로 시작하면서 일본인들은 서양을 동경의 대상으로 삼았다. 서양의 문물을 받아들이고자 서양에 대한 학습에 열을 올리고, 탈아시아주의를 내세우기도 하였다. 서양에 대한 학습은 오랜 기간이 걸렸고, 또 정치경제에서부터 사회문화에 이르기까지 다양한 측면을 받아들이고자 노력하였다. 일본인들의 서양선호는 일본을 동양에서 가장 먼저 산업화시키고 자본주의 사회로 만들었다. 과학과 산업이 발달하고, 정치가 안정되고 경제가 부흥하면서 국제사회에서 일본의 위상은 급상승하였다. 이러한 과정을 밟는 동안 일본은 아시아에 속해 있으면서도 탈아시아적인 태도를 취하고 다른 아시아 국가들에 대한 관심이 별로 없었다.

일본의 나가사키현 사세보에 있는 하우스텐보스라고 하는 테마리조트공원의 예를 통해서 일본인이 서양에 대한 동경을 어떻게 실현시키고 있는지를 볼 수 있다. 하우스텐보스는 네덜란드어

하우스텐보스: 서양에 대한 일본의 동경

로 '숲속의 집'이라는 뜻이다. 이곳에는 17세기 네덜란드의 왕궁과 거리를 재현하여 '일본 속의 네덜란드'라고 불리운다. 공원 안에다가 작은 도시를 만들고, 각종 볼거리와 놀거리를 제공하고 있다. 착각그림으로 유명한 네덜란드의 화가 에셔(M.C. Esher, 1898~1972)의 착상을 바탕으로 '신비한 에셔'를 만들어서 관람객들의 방향감각을 잃게 만드는 놀이도 있고, '대항해체험관'에서는 대형영상에 맞추어서 바닥이 움직이도록 만들어서 관람객들은 마치 17세기 네덜란드의 범선을 탄 듯한 느낌을 주기도 한다. 그 밖의 여러 가지 놀이시설과 장치들은 관람객들에게 실제 네덜란드에 가서 경험하는 것보다도 더 네덜란드답게 꾸며 놓았다. 네덜란드를 테마로 잡으면서 튤립과 풍차를 내걸고, 운하를 만들어서 유람선이 다니도록 꾸몄다. 운하를 바라보는 곳에는 아름다운 레스토랑이 자리잡고, 박물관, 호텔 커피숍, 시장, 가게 등이 잘 정돈되어 있다.

하우스텐보스가 문을 연 것은 1992년이었다. 현재는 일본 국내외 관광객들이 선호하는 장소의 하나가 되었다. 2000년도를 기준으로 입장객 수가 380만 명에 육박하였다. 하우스텐보스가 유럽적인 환상을 실현시킨 것이라면, 기후현의 가가미가하라시가 「겨울연가」 춘천이야기'를 설치한 것은 한국적인 환상을 실현해 놓은 것이다. 가가미가하라시는 춘천시와 자매결연 맺고 「겨울연가」 페스티벌을 열었다. 이 시는 인구 14만 명의 작은 도시인데 2004년 11월 6일부터 페스티벌을 시작하자 70만 명이 넘는 관광객이 다녀갔다. 이 도시의 벚나무길로 유명한 메타세콰이어길에 '후유소나 스트리트'라는 이름을 붙이고 일본 속의「겨울연가」도시'로 다시 태어났다. 이곳이 남이섬의 메타세콰이어 가로수 길과 느낌이 비슷하다는 데에서 착안한 것이다. 남이섬에서 주인공들이 첫 키스를 하던 벤치와 똑같이 생긴 의자를 가져다 놓았다. 남이섬과 똑같이 작은 눈사람 2개를 장식해 놓은 이 벤치 주변에는 기념사진을 찍으려는 사람들로 장사진을 이루었다. 시내에는 춘천고등학교 담장과 닭갈비점이 즐비한 춘천의 명동거리를 조성해 놓았다. 그리고 명동거리의 독일안경원 · 모범약국 · 노래연습장 · 맥도날드 간판과 가로등도 그대로 재현해 놓았다.

한국의 춘천과 남이섬의 모습을 그대로 재현하는 이벤트는 과거에는 상상하기 힘든 일이었다. 한국은 일본인들에게는 관심 외의 대상이었다. 과거 식민지였다는 역사적 사실을 기억하는 것 외에는 큰 관심이 없었다. 일본인들은 한국에 대한 소식을 주로 매스컴에 의존하고 있다. 그런데 매스컴에 등장하는 한국에 대한 뉴스는 늘 어둡고, 과격한 정치적인 사건들이었다. 관심도 없었지만, 있다고 하더라도 한국은 결코 일본의 보통사람들에게 좋은 이미지를 주는 나라가 아니었다. Mayumi Tanabe씨(53세)는 어렸을 때부터 한국인에 대해서 뿌리깊은 편견이 있었다고 말하면서 부모로부터 한국인들은 탐욕스럽다는 말을 듣기도 했다고 한다.

이러한 상황에서 일본인들이 한국의 대중문화에 관심을 가지기 시작한 것은 중대한 변화가 아닐 수 없다. 그렇다면 왜 이러한

일이 일어나는 걸까? 일본은 그 동안 서구의 대중문화 특히 미국의 헐리우드 영화와 팝뮤직 등에 물들어 있다가 근래에는 서구 일변도에서 차츰 벗어나기 시작하였다. 일본이나 한국에서도 자신들이 가지고 있는 예술적인 역량을 극대화하여서 동양적 요소가 가미된 새로운 스타일의 대중문화를 만들어 내기 시작하였다. 이러한 시대적 배경 속에서 두 나라는 대중문화를 개방해서 정식으로 교류하도록 상호협정을 체결하였다. 「겨울연가」가 NHK에서 방영될 수 있었던 계기도 바로 이러한 시대적 상황 아래서였다.

NHK가 위성방송으로 내보낸 「겨울연가」는 시청자들의 입에서 입으로 전해지면서 인기를 더해 갔다. 이 드라마 속에서 보이는 한국 문화에 대해서 일본인 시청자들은 일종의 문화충격을 받았다. 남자주인공으로 나온 배용준의 매력이 배가되면서 「겨울연가」의 붐은 절정을 이루었다. 앞서 「겨울연가」와 배용준이 지니는 매력에 대해서 이미 언급하였다. 한마디로 한국 드라마가 일본인 시청자들에게 아름다운 환상을 제공할 수 있었던 것이다. 이 환상은 곧 동경으로 변하게 되었다. 일단 동경의 대상이 된 한국의 드라마를 일본인들은 자신의 것으로 만들어 내고자 하는 열망을 가지기 시작했다. 「겨울연가」와 배용준을 좋아하게 된 일본인 팬들은 동경의 대상을 찾아서 한국과 인터넷 공간으로 여행을 다닌다. 이들이 감동을 행동으로 옮기는 것은 환상을 환상으로 접어두지 않고, 곧바로 실현시켜 보기 위해서이다. 마음속에 품은 환상을 현실의 세계로 이끌어 내서 실제로 보고 느끼고자 하는 일본인 팬들의 순수한 열정이 담겨 있다.

2. 한국적 가치의 발견

한류를 소비하는 나라마다 독특한 문화가 있게 마련이다. 각 나라에서는 자국의 문화에 바탕을 두고 한국의 대중문화를 받아들이고 있다. 그래서 한류 현상을 제대로 이해하려면 나라별 문화별 검토가 되어야 한다. 일본의 한류 현상도 일본의 문화적 토양 위에서 발생한 것이기에 우리는 책의 서두에서부터 한류에 나타난 일본 문화의 특징들을 살펴본 것이다. 또 중장년층이 중심이 되어 한류를 즐긴다는 사실이 우리로 하여금 한국 문화를 되돌아보게 하였다. 일반적으로 중장년층은 변화보다는 안정을 원하고, 새로운 것보다는 익숙한 것을 취하는 경향이 강한데, 이들이 새삼스럽게 외국에서 들여온 드라마에 심취하기에 이들의 문화적 요구에 부응한 한국 드라마와 주인공들이 보여 준 한국적 가치를 짚어 본 것이다.

이쯤해서 우리는 다시 한 번 우리를 되돌아볼 필요가 있다. 일본인들이 본, 「겨울연가」와 배용준으로 대표되는 한국적 가치에 대해서 과대망상을 버리고 나면 우리 자신이 보인다. 최근 「겨울연가」 외에도 한국 드라마나 영화가 일본에서 인기를 누리고 있으며, 배용준에 뒤이어서 몇몇 한류스타들도 일본인들로부터 많은 사랑을 받고 있는 것도 사실이다. 이러한 사정 때문에 우리는 자칫 일본의 한류 현상을 확대해석하는 오류를 범할 수 있다. 한국의 드라마가 일본의 것보다 우수하다거나 한국 배우가 일본 배우들보다 낫다고 하는 단정은 시기상조이다. 한류는 우열에서 나온 것이 아니라 차이에서 나왔다고 보는 것이 옳다. 일본에서는 사라진 것, 아니 정확하게 말하면 사라졌다고 생각되는 것을 한국의 드라마와 주인공들이 충족시켜 주기 때문이다.

한국 영화 전문가로 인정받고 있는 쓰치다 마키 씨는 한국 신문기자와의 인터뷰에서 다음과 같이 논평하였다. "현재 한류의 내용을 보면 50% 이상이 「겨울연가」와 배용준이고, 30%가 원빈과 장동건, 이병헌, 나머지 20%는 송승헌과 권상우 등 새로 진출하는 스타들"이라고 하면서 「겨울연가」와 배용준이 사라지면 일본의 한류는 끝날지도 모른다고 예고했다. 그의 논평에서 우리가 귀를 기울여야 하는 점은 한국인들의 한탕주의에 대한 경고이다. 우리의 자화상 가운데 하나이기에 그의 말이 더욱 따갑게 들린다. 한국 사람들은 단기적인 이익에 눈이 어두워서 한탕주의에 빠지는 일이 많다고 지적한다. 저질의 문화상품을 수출하거나 저작권을 위배하고 계약사항을 준수하지 않을 경우에는 일본인들은 한류를 더 이상 받아들이지 않을 것이라고 경고하고 있다. 그는 한국의 많은 사람들이 잘못을 저지르고는 스스로 용서하거나 변명을 찾는데 이 점이 바로 일본 사람들과의 차이라고 지적한다. "한국인들은 잘못한 일에 대해서 '이런 사유가 있었으니까 이해해 주겠지'라고 생각하지만, 일본에서는 통하지 않는다. 한 번 실수하면 거기서 끝나 버리기 쉽다"라고 경고하였다.[27]

사실 배용준의 경우도 위기가 있었다. 그가 일본을 방문했을 때 그의 실수로 팬들이 다치는 불상사가 일어났다. 쓰치다 마키 씨의 말대로 한 번의 실수를 용납하지 않는 일본인들이 그에게 등을 돌릴 뻔한 사건이었다. 이때 그는 예정된 모든 일정을 취소하고는 자숙하며 보냈다. 그러자 홈페이지에서는 그에 대한 동정론이 일어나기 시작했고 급기야는 그의 인격을 추켜세우는 데까지 진전되었다. 이러한 팬들의 반응을 감지한 매스컴들도 비난성 보도를 멈추고 동정론으로 돌아섰다. 당시의 팬들의 소리를 들어 보기로 하자.

사고가 일어난 지 사흘 뒤인 2004년 11월 4일 wao1717씨는 〈사고 직후 용준 씨 인기가 급등!!!!〉이라는 제목을 글을 올렸다.

"사고가 나던 날 보도진 중에서는 마음에 없는 코멘트를 한 사람들도 있어서 어떻게 될까 걱정했습니다만, 11월 26일자 뉴스에서 용준 씨의 성의 있고 양심적인 사죄 후 스케줄을 모두 취소하는 등 책임 있는 행동이 높게 평가되었습니다. 팬이 아니었던 사람들도 그를 높게 평가하게 되었습니다. 용준 씨는 잠

---

27 조선일보, 2004년 12월 5일 기사 인용.

도 못잔 듯 초췌한 모습이었습니다만, 그의 성의 있는 태도로 전화위복이 되었습니다." "나쁜 일이 오히려 용준 씨의 좋은 점을 많은 이들에게 알리는 기회가 되었다고 봅니다." (wao1717)

wao1717씨의 글을 보고는 여러 사람이 동정론을 펴기 시작했다.

"지금까지 그에게 빠져 있었습니다만, 앞으로 점점 더 그를 좋아하게 될 것 같아요. 나도 그래요. 사람 보는 눈 절대로 틀리지 않았다고 생각해요. 그가 모두에게 사랑받는 이유. 틀림없어요." (gracy)

"저희 집 남편도 성실한 인품에 반했다고 해요." (yuzero)

"인간은 곤란할 때 진면목이 나타난다고 하지요. 용준 씨는 정말 훌륭한 사람이에요." (m0626)

만일 그가 자신의 잘못을 한 번의 실수라고 여기고 소홀히 생각했더라면 그는 지금과 같이 인기가 지속되지는 못했을 것이다. 앞에서도 지적한 바와 같이 일본인들은 그의 용모와 연기만이 아니라 사람 됨됨이를 좋아한다고 공공연하게 말하고 있다. 외모와 연기력을 보고 좋아하게 된 팬들은 그의 인간성·매너·사회의식 등에서도 높은 기대를 하게 되었고 그들의 기대가 충족되자 그를 우상으로 만들기 시작하였다. 일본인 팬들은 한류 배우들에게 연기자 이상의 역할을 기대하고 있음을 알 수 있다.

italia925씨가 2005년 1월 15일 〈학자보다도 외교관보다도 훌륭합니다〉라는 제목으로 홈페이지에 글을 올리면서 지금까지 학자들도, 외교관들도 하지 못했던 일을 한 사람의 배우가 이루었다는 점을 상기시키고 있다.

"지금까지 한일문제를 잘 풀어 보려고, 재일동포 차별문제도 해결하려고 학자나 외교관들이 머리를 싸매고 노력해 왔습니다. … 그런데 배용준의 출현으로 이런 문제가 한 번에 해결된 것은 아니지만, (그의 공로는) 노벨 평화상에 해당한다고 볼 수 있습니다. 매스컴에서는 아줌마들이 배용준에게 빠져서 하는 일이라고 생각지 말고 그의 공헌에 대해서 공정한 평가를 바랍니다." (italia925)

italia925씨의 의견에 찬성표를 던진 아코씨도 댓글을 달면서 '100명의 일본주재 대사보다 1명의 용사마' 라는 기사가 2004년 12월 4일자 요미우리신문에도 실렸다는 사실을 상기시키면서 그가 한일관계 개선에 공헌이 많다는 점을 재확인해 주었다.

「겨울연가」의 성공사례가 주는 교훈은 드라마 속에서 나타나는 한국 문화의 긍정적인 가치의 발굴과 발견이다. 드라마가 보여주는 한국 문화의 아름다운 면들이 현재 일본이나 서양에서는 찾

춘천 준상이네로 가는 이정표

아보기 힘든 것이 되어 버린 상황에서 「겨울연가」가 타이밍을 맞춘 것이다. 한류가 일본에서 성공할 수 있었던 비결은 다름아닌 바로 차별성에 있었다. 일본인들에게 자신이 가진 것과는 다르다는 차이가 곧 아름다운 가치로 이어졌던 것이다. 이러한 한류의 성공사례는 우리 내면 깊숙이 지니고 있는 긍정적인 문화적 가치를 새삼스럽게 재인식하도록 도와주었고, 앞으로도 지속적으로 유지·개발해 나가야 한다는 점을 깨닫게 해 주고 있다.

한 가지 덧붙일 것은 한국에서 인기를 얻은 드라마나 영화가 일본에서도 흥행에 성공하는 것은 아니라는 점을 상기시키고자 한다. 한국의 드라마나 영화가 일본에서 대중들의 인기를 얻기 위해서는 일본인들의 취향에 맞아야 한다. 한국에서 인기를 얻었다는 이유만 가지고 드라마나 영화를 무조건 일본으로 수출하는 것은 바람직해 보이지 않는다. 하나의 좋은 예가 한국에서 인기리에 상영되었던 영화「친구」는 일본에서는 관람객이 적어서 예정보다 일찍 종영되었다. 이 영화가 일본인들에게는 좋은 인상을 주지 못했던 것이다. 일본인들의 취향 내지는 문화를 이해하지 못한 채 국내의 인기에 힘입어서 수출대열에 오른 영화였지만, 실패한 사례로 남게 되었다.

영화「친구」만을 겨냥한 평가는 아니지만, '한국 영화는 욕 투성이' 라는 어느 일본인의 비판도 귀담아 들어야 한다. 한국의 욕은 일본어로 번역하기도 힘들 뿐더러 험한 말을 별로 사용하지 않는 일본인들에게는 영화 속에서 쉽게 튀어나오는 욕과 그런 말을 하는 상황을 쉽게 납득하기 어려울지도 모른다. 영화 속에는 유머·풍자·은유·냉소 등의 다양한 표현법들이 등장하고 있으며 이는 문화에 대한 깊은 이해를 하는 사람들만이 알 수 있는 상황 설정도 많다. 한국인 관람객들에게는 적절한 표현일 수 있지만 일본인들에게는 이해하기 어려운 때가 있기에 영화나 드라마가 외국에 수출되어서 흥행에 성공하는 것은 쉬운 일이 아니다.

3. 차별화된 관광

일본인 관광객들이 갑자기 몰려들자 한국의 관광업계는 허둥

대기 시작하였다. 일본인들이
한국을 방문한 이유도 잘 납득
이 안 되었기에 전과 다름없는
볼거리와 쇼핑코스를 포함시
켜서 종용하는 사태도 종종 발
생한다. 그래서 「겨울연가」 여
행객들은 자기들끼리 다음과
같은 주의사항을 만들어서 유
통시킨다.

중앙고등학교 입구

"여행시 주의 사항. 가이드가
「겨울연가」 외에 낫타는 보
지 않겠느냐 등 다른 옵션을
권장해 온다. … '이번엔 「겨울연가」가 목적이기 때문에 다음에
합시다' 라고 확실히 거절하는 것이 편요하다. (어쩌면 가이드에
게 할당된 양인지도 모르지만, 확실히 우리들의 목적을 전하
자.)" (pandako, 6/21/04)

　　이들이 한국에 오는 것은 「겨울연가」의 촬영지를 보러 오는 것
이다. 그렇기 때문에 서울에 와서도 다른 곳을 들르지 않고 보고
싶은 곳만 다닌다. 「겨울연가」에 등장했거나 배용준이 자주 간다
는 음식점, 카페, 재즈바 등이 이들이 가고 싶어하는 장소이다.

kyon1406씨가 2004년 11월 28일 홈페이지에 올린 자신의 글에서 여행이유를 분명히 밝히고 있다.

한국…당신이 자란 한국…한 번 방문해 보고 싶어요.
서울 당신이 있는 서울에 가보고 싶어요.
네, 반드시 갈 겁니다.
용준 씨를 만날 것을 꿈꾸며.. (kyon1406)

대부분의 일본인 팬들은 kyon1406씨와 같은 생각과 기대를 가지고 온다. 그래서 우리는 이들이 마치 꿈을 찾아서 날아온 나비와 같다고 보았다. 공해로 인해서 숨쉴 곳이 없어진 나비들은 청정지역을 골라서 날아든다. 일본인 팬들은 나비의 이러한 속성을 닮았다. 드라마 속의 영롱한 꿈이 펼쳐지는 한국이 이제는 niwanoki씨의 말처럼 일본인 팬들에게는 가장 동경하는 나라가 된 것이다.

"나도 용준 씨를 처음 보았을 때 이렇게 멋진 사람이 이웃나라에 있다는 것이 충격이었어요. 일본 여성이 동경하는 나라 제1위는 한국이 아닐까요?" (niwanoki)

"누가 사상교육을 시킨 것도 아닌데, 스스로 자청해서 간다니… 그 원동력은 한국 드라마! 이런 것은 정치적인 힘으로도 경제적인 것으로도 할 수 없어요. 문화의 힘, 정말 굉장하네요!

　나비들이 좋은 꿀을 가진 꽃을 만나면 계속해서 찾듯이 일본인 팬들의 「겨울연가」 환타지 여행도 이런 특징을 가진다. cherry87 씨의 말처럼 일본인 팬들이 국경을 넘나들며 여러 차례 오가는 사이에 두 나라는 지속적이고도 발전적인 문화교류도 가능해질 것이다. 판에 박힌 관광여행이 아니라 이들의 환타지 여행은 여러 차례 반복되기에 더욱 색다른 여행이라고 할 수 있다. michisumi 씨는 "(2004년) 8월에 외도에 다녀왔는데 너무 좋아서 사계절을 모두 가야겠다는 생각이 들었다"고 한다. 그녀는 멀리 외도에까지 다녀왔고, 외도의 사계를 모두 보려고 한다면 앞으로 적어도 3번은 더 올 것이다. 팬들이 배용준의 홈페이지에 올린 글들을 보면, 한국에 두세 차례 다녀간 사람들도 상당수 있다. 이들은 한국의 촬영지를 아무리 다녀도 싫증이 나지 않을 뿐더러 감격적이라고까지 한다. 이러한 감동을 느끼는 이들에게 우리들은 무엇을 어떻게 해 줄 수 있을지 다소 당황하게 된다. 그래서 다음 절에서는 우리가 이 책을 엮는 동안 느꼈던 것을 바탕으로 몇 가지의 새로운 제안을 해보고자 한다.

새로운 관광지, 춘천 닭갈비집

4. 작은 것도 소중하게

드라마 속의 한국을 보고 찾아온 관광객들을 위해서 우리가 무엇을 할 수 있을까를 곰곰이 생각해 보면 의외로 간단하고도 쉬운 일이 무엇보다도 시급하다는 생각이 든다. 이들이 한국에 들어선 순간 마음껏 감격할 수 있도록 편안하게 해 주는 것, 그리고 이들이 가지고 온 「겨울연가」의 이미지를 되도록이면 그대로 살려 줄 수 있는 길을 찾는 것이다. 예를 들면, 공항에 들어선 순간 감격에 눈물을 흘리는 순박한 이들에게 친절한 공항직원들의 말 한마디, 관광버스에 오를 때 기사와 안내원의 따뜻하고 정성이 담긴 안내가 이들의 첫 인상을 결정한다. 또한 길거리를 청결하게 해 주고 이들이 들르는 상점마다 깍듯한 예절과 정확한 거래로 이들을 대한다면 우리는 별로 힘들이지 않고도 관광대국이 될 수 있으리라고 본다. 「겨울연가」의 주인공들처럼 우리가 모두 친절하고 따뜻해지는 것이 새로운 패턴의 여행이 등장한 이 시점에서 제일 먼저 생각해야 할 관광전략이다. 거창한 관광전략과 관광정책을 세우고 있는 정부, 지자체 그리고 관광업계의 입장에서 보면 우리들의 제안이 어처구니없을 만큼 사소하고 기본적인 소양이라고 생각되어서 그냥 지나칠지도 모르겠다. 그러나 우리는 일본인 팬들의 소리를 직접 그리고 지속해서 듣고 있기 때문에 이처럼 작은 것을 아름답게 만드는 일이 얼마나 중요한지를 깊이 느끼고 있다.

꿈을 좇아서 온 일본인 주부들이 한국을 방문하는 동안 여러 가지 사소한 이유로 실망을 한다면 한국으로서는 큰 손해가 아닐 수 없다. 그래서 어떤 사람은 일본의 한류가 금방 식을 것이라고 전망하기도 했다. 드라마에서 느낀 환상을 가지고 처음으로 한국을 방문하는 일본인들이 많다. 공항에 도착하자마자 감격의 눈물을 흘리는 이들도 있다. 부푼 꿈을 가지고 한국에 온 일본인들에게 우리는 어떻게 대하고 있는가? pandako씨의 바가지 상혼에 대한 주의사항에 우리는 스스로 부끄러워진다.

"쇼핑할 때 가게에 발을 들여놓기 무섭게 일본과는 달리 여러 가지 상품을 권한다. 그런데 가격이 붙어 있는 상품이 그다지 많지 않다. 필요 없는 물건은 '필요 없다'라고 확실히 말해 거절해야 한다. 가격도 속지 않도록, 비싼 것 같으면 '필요 없다'라고 말해서 다른 가게에 가 보자. 많이 사면 2~300엔 정도는 깎아 주기도 하지만 기본적으로는 일본인에게는 그다지 깎아 주지 않는다."(pandako, 6/21/04)

일본의 한류는 다른 어떤 나라의 한류보다도 관광산업에 영향을 미치고 있다. 관광 붐도 과거와는 전혀 다른 성격의 것이어서 우리는 새로운 각도에서 준비를 해야 한다. 이들이 한국에서 보고자 하는 것이 무엇인지, 이들에게는 어떤 의미의 여행인지 등을 제대로 파악해야만 한류가 관광 붐으로 이어질 수 있고 나아가서는 한국의 이미지를 올릴 수 있기 때문이다.

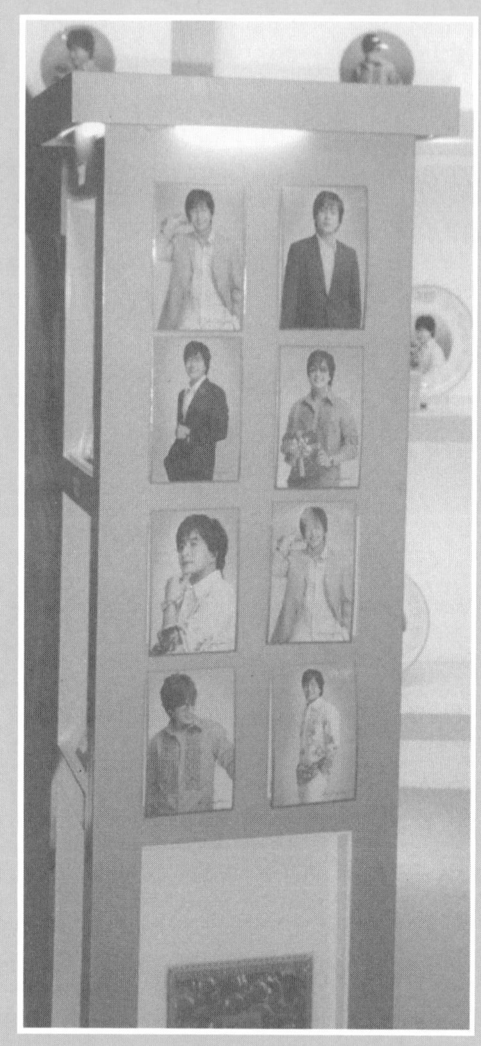

배용준 관련 상품들(L. 면세점)

일본인 팬들 가운데는 어느새 배용준의 다음 번 작품에 대한 관심이 지대하여서 촬영예정지로 잡힌 삼척을 관광코스에 넣고 있다는 소식도 들린다. 아직 작품이 완성된 것도 아닌데 이들의 관심과 열정은 상상을 초월한다. 앞으로 삼척을 방문할 예정인 이들은 춘천이나 남이섬보다 더 멀리 산속으로 들어가야 하지만, 그 코스를 마다하지 않을 것이다.

앞에서 말한 것처럼 우리가 조금만 노력하면 유적지와 명승지를 찾는 관광객보다 촬영지를 찾는 일본인들을 감동시키는 것은 오히려 쉽고 간단할지도 모른다. 이들이 다니는 코스의 주변을 깨끗이 하며, 친절하고 편안히 대하고 또 거래를 할 때 정확하게 계산하면 된다. 거창한 계획을 세워서 관광사업을 벌리는 일도 중요하지만, 우리는 이처럼 작은 일에서부터 신경을 쓰고 정성을 다해서 외국의 관광객을 맞이해야 한다. 우리의 자세가 이럴진대 누군들 한국을 좋아하지 않겠는가.

VII. 끝내면서

88서울올림픽을 위해서 우리는 하나가 되었던 적이 있다. 2002년에 월드컵 때도 그랬다. 월드컵 당시 거리 응원은 세계의 관심을 한국으로 돌리게 했다. 누가 시킨 것도 아닌데 응원을 하기 위해서 자발적으로 모인 시민들의 수도 놀라웠지만, 그 질서정연함에 외국사람들은 더욱 놀랐다. 우리의 역량을 세계에 알릴 수 있었던 절호의 기회였다. 최근에 일어나는 한류 역시 그러한 기회가 아닐까 싶다.

우리가 예상치 못했던 한류라는 커다란 흐름 앞에서 어리둥절하거나 방관자 같은 자세로 서 있을 시기는 지났다. 지금까지는 한류가 대중문화와 관련된 사람들에게는 중요했지만, 그 밖의 사람들에게는 기분 좋은 뉴스거리 정도에 머물고 있었다. 이제 곧 시들해질 거라는 예측도 있어서 우리를 더욱 머뭇거리게 했다. 그러나 한류의 흐름은 빨라지고 거세져서 소극적이고 국지적인 대응만 가지고는 부족하게 되었다. 과거 세계적인 이벤트에서 보여 준 시민정신을 다시 한 번 되살려야 할 시기가 왔다. 이벤트는 단기적인 효과를 창출하고는 금방 끝나게 된다. 그러나 한류는 이벤트처럼 폭발성을 가지지는 않았지만, 지속적이고 더 큰 효과를 낼 수 있는 기회이다.

지금 정부와 지자체 그리고 관련업계에서는 한류 현상을 앞에 두고 정책과 전략을 세우느라 분주하다. 신속하게 한류 전문가를 육성해야 한다든가, 효과적인 정책지원에 나서야 한다든가 하는 전문가들의 견해도 나오고 있다. 이러한 제안도 모두 중요하다. 사실 한류 현상에 대한 정책이나 제안 그리고 견해 등을 보면 어느것 하나 중요하지 않은 것이 없다. 위로부터의 대응책도 시급하지만, 더 절실한 것은 시민의식의 성장이라고 생각된다. 88서울올림픽과 월드컵에서 보여 준 시민들의 힘이 다시 필요하게 되었다. 그리고 그 성숙한 시민정신은 이벤트적 성격으로 끝내는 것이 아니라 일상적인 습관으로 만들어야 한다. 관광객들이 불편하고 불쾌하게 생각했다는 바가지 씌우기, 관광객들 홀대하기, 불친절한 말투, 더러운 거리 등을 신속히 없애야 하는 것이 한류와 한류 관광 붐을 지속시키는 지름길이다.

우리가 작은 것을 소중하게 하자는 이유는 간단하다. 손쉽게 할 수 있으면서도 중요하기 때문이다. 거액의 예산을 들여서 호화로운 겉치레를 하는 것보다 아주 작은 것에도 세심한 주의를 기울이는 모습이 진정으로 필요하다. 또 작은 것을 아름답게 만든 우리의 모습을 좋아하고 감상할 수 있는 사람들이 바로 한류 관광객들이다. 이들은 시간과 경제적으로 여유가 많아서 외국나들이를 다니는 계층이 아니다. 이들의 대다수는 주부들, 학생들, 그리고 회사원들이다. 적은 생활비를 절약하기도 하고, 월급이나 파트타임으로 일한 돈을 모아서 오랫동안 계획을 세운 끝에 꿈의 여행을 오는 사람들이다.

이들은 개별적인 여행을 하기보다는 경비를 줄이기 위해서 단체관광을 하는 경우가 많다. 그래서 이러한 관광객들이 한국을 찾을 때 제일 많이 접하는 사람들은 관광업계 종사자와 관광지의 상인들이다. 이들을 통해서 한국을 알고 가기 때문에 이들이 국가의 이미지를 좌우하고 있다고 해도 과언이 아니다. 이러한 현실을 직시하면 무엇보다도 관광업계의 내실화가 시급해진다. 우리는 한국의 관광업계가 매우 열악하다는 말을 많이 듣고 있다. 최근 우후죽순처럼 늘어난 여행사들이 치열한 경쟁 때문에 편법을 동원해서 관광객을 모은다는 이야기도 들었다.[28] 그러다 보니 자연히

---

28 항공요금에도 미치지 않는 저렴한 요금으로 관광객을 모은 여행사에서는

관광가이드나 관광버스기사의 대우가 좋을 리가 없다. 이들에 대한 대우가 좋지 않으면 관광객에 대한 서비스의 질도 내려간다. 정부에서는 이러한 현실적인 문제들을 신속히 시정할 수 있는 방안을 마련해야 하며 관광업계도 자진해서 이들에 대한 처우를 개선해야 한다. 그래야만 관광객들에게 양질의 서비스를 제공할 수 있고 한류 관광 붐이 이어질 수 있다. 한류 관광객들은 좋은 인상을 받으면 반복적으로 찾아오는 특성이 있기 때문에 첫 여행길이 중요하다.

우리들은 이들이 실망하고 돌아가지 않도록 우리가 살고 있는 주위를 깨끗이 하고 쓰레기를 주우며, 누구에게든 친절하게 대해 주고, 정확하게 물건값을 받는 일만 하면 된다. 앞으로 우리는 피상적이고 거창한 전략수립에 시간과 예산을 줄이고, 구체적이고 작은 방안을 마련하는 데 더 주의를 기울여야 한다. 이 일에는 돈이 드는 것이 아니다. 섬세한 마음 씀씀이가 필요하다.

여기에서 일찍이 동남아의 배용준 팬들이 보여 준 작지만 아름다운 일을 상기할 필요가 있다.[29] 이들의 선행에 감동을 받은 배용

적자를 메우는 수단으로 관광객들에게 쇼핑을 강요한다는 소리도 들린다. 우리들은 이 책을 준비하는 과정에서 관광가이드로 일하는 사람들과도 이야기할 기회가 있었다. 이들이 받는 일당은 상상할 수 없이 적은 금액이었다. 어떤 관광가이드는 보수가 없다고 답한 이들도 있었는데, '없다' 는 말은 실제로는 없다고 생각할 만큼 적다는 뜻으로 말한 것이다.

29 2001년 10월 대만의 팬클럽에서 처음으로 자선활동을 시작하였다. 홍콩의

준은 '아시아의 여러 나라들로부터 사랑을 받기 때문에 아시아를 하나로 묶는 자선재단을 만들 계획도 세웠다. 작은 힘이 모여서 마침내는 큰일을 이룰 수 있다는 교훈이다.

마지막으로 이 글을 정리하면서 우리는 일본인 팬들에게 감사의 마음을 전해야겠다는 생각이 절실해졌다. 이 작업을 하면서 힘도 들었지만, 가상공간에서 만난 일본인들은 말없는 가운데 우리들에게 힘이 되고 용기를 주었다. 이들은 힘든 가사일과 직장 생활을 병행하면서 잠도 줄여 가면서 자기계발에 힘을 쏟고 있었고, 이러한 사정을 알게 된 우리는 더욱 우리의 임무가 중요하다고 느꼈다. 이들의 성실함과 순수함에서 나오는 열정을 알려야 한다는 생각에서였다. 또 이들의 등 뒤에는 가족들의 사랑의 그림자가 드리워져 있음도 알게 되었다. 남편이나 자녀들이 이들의 열렬한 후원자가 아니었더라면 이들의 열정적인 활동도 제약을 받았을 터이다.

이 책을 집필하는 동안 내내 우리가 이들과 잘 소통할 수 있었고 또 이들의 이야기를 재미있게 들을 수 있었던 것은 비록 국적은 다르지만, 같은 여성으로서, 주부로서, 비슷한 또래의 나이와

팬들은 소아암환자를 돕기 시작했고 싱가포르에서도 팬들이 자선기금 모금을 하였다. 이러한 아시아 팬들의 활동에 일본팬들도 자극을 받았다. 각 나라의 팬들이 자발적으로 시작한 자선활동에 감명을 받은 배용준이 팬들로부터 많은 것을 배웠다고 고백했다.(스포츠서울, 2004년 4월 5일 기사참조)

처지에 있다는 사실 때문이었다. 그래서 이들의 글속에 묻어 있는 미세한 느낌을 감지할 수 있었고, 이들의 즐거움과 설렘도 잘 이해되었다. 이들의 성실함과 열정이 우리들 작업의 원동력이 되었기에 거듭 이들에게 감사의 마음을 전하는 바이다.

참고 자료

〈문헌 및 논문〉

장수현 외,『중국은 왜 한류를 수용하나』, 2004년 09월 18일 학고방.

조한혜정 외,『한류와 아시아의 대중문화』, 2003년 04월 25일 연세대학교 출판부.

춘천시,「춘천즐기기」.

춘천시,「신바람 나는 춘천 힘 있는 수부도시」.

춘천시,「春川物語　冬のソナタ」.

춘천시 관광진흥과,「호반의 도시 춘천」.

김우원 편집,「춘천가이드(2004. 11. 1)」.

춘천시 관광진흥과,「홍보자료」.

함평군,「제6회 함평나비대축제」.

함평군 농업기술센터(곤충연구소),「나비와 함께하는 생태체험여행」.

『대한국인 안중근』, 제19, 20, 21, 22호 안중근의사 숭모회, 2002년 3월, 2003년 가을, 2004년 봄, 2004년 가을.

高野子·山登義明, 2004. 9,『冬のソナタから考える―私たちと韓国のあいだ―』岩波ブックレット No,634, 岩波書店.

金容雲,『日本の喜劇』, 1992, 情報センター出版局, pp. 147~148.

丁潤聲, 1983,「日本的品質管理(TQC)の一考察」, 筑波大学大学院經營·

政策科学研究科.

西村幸祐, 2004. 9,「日韓友情年に向けてつくられる友好ブームの裏側」
　　正論.

安岡明子 翻訳, 2004,『冬のソナタ』で始める韓国繻艦語.

失業之日本社, 漫画サンデ-.

〈신문, 잡지 기타〉

「아시아 여인들의 연인」 배용준, 월간조선 2004년 5월호.

경향신문, 동아일보, 매일경제, 스포츠서울, 스포츠조선, 조선일보, 주간
　　조선, 일간스포츠 등 기사 참고.

「冬のソナタ」ヨン様は日本が嫌い？	週刊文春(2004. 4. 22)
ヨン様ラブ年上女性のココロ	週刊朝日(2004. 4. 23)
「冬のソナタ」おば様ファンの反応	週刊文春(2004. 5. 20)
ソウルで日本初CM撮影現場に潜入	週刊朝日(2004. 6. 18)
「冬のソナタ」ヒロイン	サンテ-毎日(2004. 6. 20)
ファン50人が語る私と冬のソナタ	週刊朝日(2004. 8. 27)
「冬のソナタ」韓国ツア-秘替入記	週刊文春(2004. 11. 18)
ヨン様って何様？	週刊文春(2004. 12. 9)

野平俊水, えっ,「ヨン様までが反日?!」諸君! 文芸春秋社(2004.8)

鄭大均,「キム様」禮讃から「ヨン様」讃美へ――日本人の韓国イメージは
　　好転したか――諸君! 文芸春秋社(2004.11)

〈관련 웹사이트〉

BAE YONG JOON Official Homepage: http://www.byj.co.kr

Daum카페 한류열풍사랑: http://cafe.daum.net/hanryulove

Yahoo! Japan: http://www.yahoo.co.jp

배용준을 사랑하는 byjfan: http://cafe.daum.net/byj

사야가 홈페이지: http://www.sayaga.net

야후! 코리아: http://kr.www.yahoo.com

한국 관광공사: http://www.knto.or.kr

한류열풍, 세계주도 네이버카페: http://cafe.naver.com/windhanryu.cafe

ペ・ヨンジュン公式サイト: http://www.yongjoon.jp